700

Wisdom-Flowers

Weisheits-Blumen

Sri Chinmoy

The Golden Shore • Nürnberg

Titel der Originalausgabe: "700 Wisdom-Flames"
© 2007 by Sri Chinmoy

Texteausschnitte aus 700 Büchern zusammengestellt von: Tibor Málits
Übersetzung: Pragya Gerig, Samahita Bender

1. deutsche Auflage 2008
© 2008 by "The Golden Shore Verlagsges.mbH, Nürnberg"
ISBN: 978-3-89532-200-6

The Golden Shore Verlagsges.mbH
Austraße 74
D-90429 Nürnberg
www.goldenshore.de

Layout: Pragya Gerig
Druck: Offset Druckerei Pohland, Augsburg

700

Wisdom-Flowers
Weisheits-Blumen

1

Every day you must allow wisdom to enter into your mind-room without any obstruction.

Du musst der Weisheit jeden Tag erlauben, deinen Verstandesraum ohne jegliche Behinderung zu betreten.

2

Each human being has to transcend the strong barriers of praise and scorn to see the Face of God and feel the Heart of God.

Jeder Mensch muss die starken Barrieren von Lob und Verachtung überwinden, um das Gesicht Gottes zu sehen und das Herz Gottes zu spüren.

3

May silence be my mind's constant companion. May gratitude be my heart's constant companion. May service be my life's constant companion.

Möge Stille der ständige Begleiter meines Verstandes sein. Möge Dankbarkeit der ständige Begleiter meines Herzens sein. Möge Dienen der ständige Begleiter meines Lebens sein.

4

Somehow, somewhere, I always feel there are Truth-seekers and God-lovers who will manifest God on earth lovingly, self-givingly and unconditionally.

Irgendwie, irgendwo fühle ich immer, dass es Wahrheits-Sucher und Gott-Liebende gibt, die Gott auf Erden liebevoll, selbstgebend und bedingungslos manifestieren werden.

5

Only God's Compassion has the capacity to stop us from repeating the same mistakes endlessly.

Nur Gottes Mitleid hat die Fähigkeit uns davor zu bewahren, die gleichen Fehler endlos zu wiederholen.

6

Falsehood prospers for a day. Truth prevails forever.

Falschheit gedeiht einen Tag lang. Wahrheit setzt sich immer durch.

7

A real God-seeker must try to see all obstacles neither in his head nor on his shoulders, but at his thunder-feet.

Ein wahrer Gott-Sucher muss versuchen, alle Hindernisse weder in seinem Verstand noch auf seinen Schultern zu sehen, sondern zu seinen Donner-Füßen.

8

When we sow a seed, immediately it does not become a tree.

Wenn wir einen Samen säen, wird er nicht unmittelbar zu einem Baum.

9

Peace does not mean only silence. Peace is also something soothing, thrilling, enchanting, illumining and fulfilling.

Frieden bedeutet nicht nur Stille. Frieden ist auch etwas Besänftigendes, Spannendes, Bezauberndes, Erleuchtendes und Erfüllendes.

10

It is good to be compassionate, but to whom? To the one who is still trying and not to the one who has given up.

Es ist gut, Mitleid zu haben, doch mit wem? Mit demjenigen, der noch immer versucht, und nicht mit demjenigen, der bereits aufgegeben hat.

11

I shall realise God just before tomorrow's sunrise. I am certain, no surprise. God's Promise, I execute.

Ich werde Gott gerade vor dem morgigen Sonnenaufgang verwirklichen. Ich bin sicher, keine Überraschung. Es ist Gottes Versprechen, das ich ausführe.

12

I must be brief, I must be brief. Each moment of mine either expedites my God-journey or delays my God-journey.

Ich muss mich kurz fassen, ich muss mich kurz fassen. Jeder einzelne meiner Augenblicke beschleunigt entweder meine Gott-Reise oder verzögert meine Gott-Reise.

13

Nothing is as disgraceful as jealousy's ugly face. Nothing is as disgusting as impurity's backward race.

Nichts ist so schändlich wie das hässliche Gesicht der Eifersucht. Nichts ist so widerwärtig wie der Rückwärts-Lauf der Unreinheit.

14

What comes to me unmistakably is what I carefully or carelessly invite.

Was mir widerfährt ist unverkennbar das, was ich sorgfältig oder sorglos einlade.

15

If we constantly surrender to wrong forces, then how can we dare to say that we are helping the world to become perfect?

Wenn wir ständig den falschen Kräften nachgeben, wie können wir es dann wagen zu behaupten, dass wir der Welt helfen, vollkommen zu werden?

16

I do not compete with the rest of the world. I compete only with myself, for my progress is my true victory.

Ich messe mich nicht mit dem Rest der Welt. Ich messe mich nur mit mir selbst, denn mein Fortschritt ist mein wahrer Sieg.

17

I no longer want to remain the owner of my unrealised possibilities. From now on I want to be the owner of my manifested capacities.

Ich will nicht länger der Besitzer meiner unverwirklichten Möglichkeiten bleiben. Von jetzt an will ich der Besitzer meiner manifestierten Fähigkeiten sein.

18

God does not blame you if you are impure, but God does blame you if you do not want to offer your impurity to Him.

Gott macht dir keinen Vorwurf, wenn du unrein bist. Doch Gott macht dir einen Vorwurf, wenn du Ihm nicht deine Unreinheit anerbietest.

19

Each man has qualities good and bad. God wants me to look only at man's good qualities. To correct his bad qualities is God's Task. I must not interfere in God's cherished activities.

Jeder Mensch hat gute und schlechte Eigenschaften. Gott möchte, dass ich nur die guten Eigenschaften des Menschen sehe. Seine schlechten Eigenschaften zu korrigieren ist Gottes Aufgabe. Ich darf nicht in Gottes geliebte Aktivitäten eingreifen.

20

Be supremely brave! Stand face-to-face with ignorance-night! It is bound to surrender and disappear.

Sei erhaben tapfer! Schau der Unwissenheits-Nacht ins Auge! Sie wird gezwungen sein, sich zu ergeben und zu verschwinden.

21 *You have an invisible Friend who is always eager to help you. You may not see Him with your human eyes, but you can feel His compassionate Presence inside your aspiring heart.*

Du hast einen unsichtbaren Freund, der stets bereit ist, dir zu helfen. Du siehst Ihn vielleicht nicht mit deinen menschlichen Augen, doch du kannst Seine mitleidserfüllte Gegenwart in deinem strebenden Herzen fühlen.

22 *O my mind, for God's sake do tell me, who gave you the authority to sit on the world-judgement-seat?*

O mein Verstand, sage mir um Gottes willen, wer gab dir die Vollmacht, auf dem Welt-Berurteilungs-Sitz zu sitzen?

23 *Ignorance and darkness must not be taken as a permanent reality-existence.*

Unwissenheit und Dunkelheit dürfen nicht als dauerhafte Wirklichkeits-Existenz angesehen werden.

24 *Nobody has asked you to believe in the Unknowable. Just try to believe that a higher Source is guiding your earthly journey.*

Niemand hat dich gebeten, an das Unerkennbare zu glauben. Versuche einfach zu glauben, dass eine höhere Quelle deine irdische Reise lenkt.

25

God-realisation-secrets are not secrets at all. God-realisation is an open book, open study, open course and open school. And God the Teacher is also sleeplessly open to the students' requirements.

Gott-Verwirklichungs-Geheimnisse sind überhaupt keine Geheimnisse. Gott-Verwirklichung ist ein offenes Buch, ein offenes Studium, ein offener Lehrgang und eine offene Schule. Und Gott der Lehrer ist ebenfalls unermüdlich offen für die Erfordernisse der Schüler.

26

Many people know what to do, but few care how to do, and fewer still dare to do.

Viele Menschen wissen, was zu tun ist, doch wenige interessiert es, wie es zu tun ist, und noch weniger wagen es zu tun.

27

At every moment we, as human beings, can choose to do either the right thing or the wrong thing. I can get up early in the morning and pray and meditate to become a good person. Or I can sleep until ten or eleven o'clock and get up when it is too late for me even to go to work.

Als Menschen können wir in jedem Augenblick wählen, entweder das Richtige oder das Falsche zu tun. Ich kann früh am Morgen aufstehen und beten und meditieren, um ein guter Mensch zu werden. Oder ich kann bis zehn oder elf Uhr schlafen und dann erst aufstehen, wenn es für mich sogar zu spät ist, zur Arbeit zu gehen.

28

To us, so-called failure is nothing but an experience. Just because we are seekers, we say that either God has given us this experience for our own inner improvement, or that for some unknown reason God is tolerating this experience, which the hostile forces have maliciously given us.

Für uns ist ein sogenannter Fehlschlag nichts anderes als eine Erfahrung. Als Sucher sagen wir, dass uns Gott diese Erfahrung entweder gegeben hat, damit wir innerlich Fortschritt machen, oder dass Gott die Erfahrung, die uns die negativen Kräfte niederträchtigerweise geben, aus einem unbekannten Grund toleriert.

29

Try to feel that the whole earth is behind you and that you are getting blessings, love, concern, determination and oneness from the entire earth.

Versuche zu fühlen, dass die ganze Welt hinter dir steht, und dass du Segen, Liebe, Anteilnahme, Entschlossenheit und Einssein von der ganzen Erde erhältst.

30

O my aspiration-friend, your goal is God-realisation. Do not settle for a lesser realisation!

O mein Strebsamkeits-Freund, dein Ziel ist Gott-Verwirklichung. Gib dich nicht mit einer niedrigeren Verwirklichung zufrieden!

31

The more mistakes we make, the more eager we should be to run towards Him. But no, each time we make a mistake, out of embarrassment or fear we try to go away from Him. That is absurd!

Je mehr Fehler wir machen, desto eifriger sollten wir uns bemühen, Ihm entgegen zu laufen. Aber nein, jedes Mal, wenn wir einen Fehler begehen, versuchen wir aus Verlegenheit oder aus Furcht, von Ihm weg zu laufen. Das ist absurd!

32

At every moment He is more than eager to help us. Unfortunately, we try to rely all the time on our own capacities.

In jedem Augenblick ist Er mehr als bereit, uns zu helfen. Leider versuchen wir immerzu, uns auf unsere eigenen Fähigkeiten zu verlassen.

33

It is a long way to go, but if you do not start, then how will you move at all?

Der Weg ist weit, doch wie willst du jemals vorankommen, wenn du nicht losgehst?

34

A man without a goal is a restless sleep without a sweet dream.

Ein Mensch ohne ein Ziel ist wie ein rastloser Schlaf ohne einen süßen Traum.

35

If you want to search breathlessly for your Lord Supreme, then be always an inspiring and inspired front-runner.

Wenn du atemlos nach deinem Erhabenen Herrn suchen willst, dann sei stets ein inspirierender und inspirierter Front-Läufer.

36

Paradise is not a place; it is a state of consciousness.

Das Paradies ist kein Ort; es ist ein Bewusstseinszustand.

37

Things that have to be rejected, we reject; things that have to be transformed, we transform; things that have to be transcended, we transcend.

Dinge, die zurückgewiesen werden müssen, weisen wir zurück. Dinge, die transformiert werden müssen, transformieren wir. Dinge, die transzendiert werden müssen, transzendieren wir.

38

God asks you for your sleepless cooperation. He does not demand your immediate perfection.

Gott bittet dich um deine schlaflose Mitarbeit. Er verlangt nicht deine sofortige Vollkommenheit.

39

In order to transcend, two things are of paramount importance: our personal effort and God's Grace.

Um über uns hinauszuwachsen sind zwei Dinge von größter Wichtigkeit: unsere persönliche Bemühung und Gottes Gnade.

40

The finite enters into the infinite in order to realise the highest Absolute. The infinite enters into the finite to manifest its own Divinity.

Das Endliche tritt in das Unendliche ein, um das höchste Absolute zu verwirklichen. Das Unendliche tritt in das Endliche ein, um seine eigene Göttlichkeit zu manifestieren.

41

The desire-world is made of falsehood. But alas, it has the tremendous capacity to fascinate the entire human life.

Die Wunsch-Welt besteht aus Falschheit. Doch ach, sie hat die enorme Fähigkeit, das gesamte menschliche Leben zu faszinieren.

42

Every second a seeker can start over, for his life's mistakes are initial drafts and not the final version.

Ein Sucher kann in jeder Sekunde neu anfangen, denn die Fehler seines Lebens sind nur erste Entwürfe und nicht die endgültige Version.

43 *I do not mind failing, as long as I do not stop trying altogether.*

Es macht mir nichts aus, einen Fehlschlag zu erleiden, solange ich nicht ganz aufhöre zu versuchen.

44 *After years of making deplorable mistakes, he is now smiling the perfection-smile in his aspiration-life.*

Nachdem er jahrelang bedauerliche Fehler machte, lächelt er nun das Vollkommenheits-Lächeln in seinem Strebsamkeits-Leben.

45 *He who loves God in the aspiration-world has no responsibility of his own. The Compassion of God does everything for him. He who loves ignorance in the desire-world has also no responsibility of his own. The temptation of ignorance does everything for him.*

Derjenige, der Gott in der Strebsamkeits-Welt liebt, hat keine eigene Verantwortung. Gottes Mitleid wird alles für ihn tun. Derjenige, der die Unwissenheit in der Wunsch-Welt liebt, hat ebenfalls keine eigene Verantwortung. Die Versuchung der Unwissenheit tut alles für ihn.

46 *Do not allow your hope to fade! It is never to late to become a perfect instrument of God.*

Erlaube deiner Hoffnung nicht zu welken! Es ist nie zu spät, ein vollkommenes Instrument Gottes zu werden.

47

Why do you dwell on the past? The past does not determine the future. Only your prayer and meditation will determine your future.

Warum hängst du an der Vergangenheit? Die Vergangenheit bestimmt nicht die Zukunft. Nur dein Gebet und deine Meditation werden deine Zukunft bestimmen.

48

Achieve something great outwardly. Many on earth will admire you and even adore you for what you have done. Achieve something good inwardly. Countless people will get a tremendous inner uplift from your very presence on earth.

Vollbringe etwas Großartiges auf der äußeren Ebene. Viele auf Erden werden dich für das, was du getan hast, bewundern und sogar verehren. Vollbringe etwas Gutes auf der inneren Ebene. Unzählige Menschen werden einen enormen inneren Auftrieb von deiner bloßen Anwesenheit hier auf Erden erhalten.

49

Where is your sympathetic and devoted attitude? In the name of perfection you are criticising others mercilessly. Do you not see that what is coming forward is not your sense of perfection but your unconscious, unwanted self-imposition and self-glorification?

Wo bleibt deine mitfühlende und hingebungsvolle Haltung? Im Namen der Vollkommenheit kritisierst du andere erbarmungslos. Siehst du nicht, dass das, was hierdurch zum Vorschein kommt, nicht dein Sinn für Vollkommenheit ist, sondern deine unbewusste und unerwünschte Selbstanmaßung und Selbstverherrlichung.

50 *Have some sympathy for others! Do not get malicious pleasure from hearing about their deplorable fate. Today you have escaped, but tomorrow humiliation may be your name.*

Habe Mitgefühl mit anderen! Lass keine Schadensfreude aufkommen, wenn du von ihrem beklagenswerten Schicksal hörst. Heute wurdest du verschont, doch schon morgen kann Demütigung dein Name sein.

51 *Do you want to make progress, or do you want to crawl in your spiritual life? If you feel the necessity to walk, march and run, then obey your Inner Pilot every day, every hour, every minute.*

Willst du in deinem spirituellen Leben Fortschritt machen oder willst du nur kriechen? Wenn du die Notwendigkeit zum Gehen, Marschieren und Rennen verspürst, dann gehorche deinem Inneren Führer jeden Tag, jede Stunde, jede Minute.

52 *Do not try to advise the world with your limited capacity or look down upon the world around you. If you feel that you are better than those who are not aspiring, you are playing with temptation-fire right in front of you.*

Versuche nicht, der Welt mit deinen begrenzten Fähigkeiten Ratschläge zu erteilen oder auf die Welt um dich herum herab zu schauen. Wenn du glaubst, dass du besser bist als jene, die nicht streben, dann spielst du mit dem Feuer der Versuchung, das unmittelbar vor dir ist.

53 *Every day remind yourself: yours is not the mission that will fail. Yours is the God-ordained mission that is bound to succeed. I am a sea of gratitude within and without,* *my Lord, for You have chosen me out of Your infinite Bounty to do something special for You in Your Life of Manifestation.*

Denke jeden Tag daran: dein ist nicht die Mission, die fehlschlagen wird. Dein ist die gottgewollte Mission, die dazu bestimmt ist, erfolgreich zu sein. In meinem inneren und äußeren Leben bin ich ein Meer der Dankbarkeit, mein Herr, da Du mich aus Deiner unendlichen Güte heraus erwählt hast, etwas Besonderes für Dich in Deinem Leben der Manifestation zu tun.

54

I know that the life of a true Truth-seeker and God-lover is the only life for me. There is and there can be no other life for me.

Ich weiß, dass das Leben eines echten Wahrheits-Suchers und Gott-Liebenden das einzige Leben für mich ist. Es gibt kein anderes Leben für mich und es kann kein anderes geben.

55

He is lucky, he did not get what he deserved. He is lucky, he did not say what he intended. He is lucky, he does not find anything wrong with the world. He is lucky, he does not know when death will knock at his door.

Er hat Glück, er hat nicht bekommen, was er verdiente. Er hat Glück, er hat nicht gesagt, was er sagen wollte. Er hat Glück, er sieht keine Fehler in der Welt. Er hat Glück, er weiß nicht, wann der Tod an seine Tür klopfen wird.

56

The desire of love-power raised him high, very high. The desire of indifference-power dragged him down beyond his imagination. The desire of thought-power killed his inner silence. The desire of money-power fooled him, his life, his all.

Sein Wunsch nach der Macht der Liebe hob ihn hoch, sehr hoch. Sein Wunsch nach der Macht der Gleichgültigkeit zog ihn hinab, weit über seine Vorstellungskraft hinaus. Sein Wunsch nach der Macht der Gedanken tötete seine innere Stille. Sein Wunsch nach der Macht des Geldes narrte ihn, sein Leben, sein Alles.

57

When I think once, I say what I intended to say. When I think twice, I hesitate to open my mouth. When I think thrice, I never fail to keep my proud mouth shut.

Wenn ich einmal denke, sage ich, was ich zu sagen beabsichtigte. Wenn ich zweimal denke, zögere ich, meinen Mund zu öffnen. Wenn ich dreimal denke, gelingt es mir stets, meinen stolzen Mund zu halten.

58

Every day God tells me the real miracle is not walking on water, but loving the heart of each and every human being.

Gott sagt mir jeden Tag, dass das wahre Wunder nicht darin besteht, über das Wasser zu gehen, sondern das Herz jedes einzelnen Menschen zu lieben.

59

I believe in present heroism and not in future victory or defeat.

Ich glaube an gegenwärtigen Heldenmut und nicht an zukünftigen Sieg oder zukünftige Niederlage.

60

There are many boats that sail fast, very fast, but the heart's surrender-boat always sails the fastest.

Es gibt viele Boote, die schnell, sehr schnell segeln; aber das Hingabe-Boot des Herzens segelt immer am schnellsten.

61

Man forgets that his vital is swayed by desires. Man forgets that his mind constantly wanders. Man forgets that his days on earth are short. Man forgets that his real needs are very few. Man forgets that he has only God to call his own, very own.

Der Mensch vergisst, dass sein Vitales von Begierden hin und her getrieben wird. Der Mensch vergisst, das sein Verstand ständig umher wandert. Der Mensch vergisst, dass seine Tage auf Erden kurz sind. Der Mensch vergisst, dass seine wahren Bedürfnisse nur wenige sind. Der Mensch vergisst, dass er nur Gott sein eigen, ganz sein eigen nennen kann.

62

When you read the ancient scriptures, it is like appreciating the beauty and the power of the ocean and the sky at a great distance. But if a spiritual Master comes to you as the ocean and the sky, it is your sole task to fly into the sky and dive into the ocean.

Wenn du die alten Schriften liest, ist es so, als ob du die Schönheit und die Kraft des Ozeans und des Himmels aus weiter Ferne bewunderst. Doch wenn ein spiritueller Meister zu dir als der Ozean und der Himmel kommt, ist es deine einzige Aufgabe, in den Himmel zu fliegen und in den Ozean zu tauchen.

63

I am God's son, I am part and parcel of God. Since He has infinite Peace, Light and Bliss, since He has infinite capacity, I also have the same within me.

Ich bin Gottes Sohn, ich bin ein fester Teil Gottes. Da Er unendlichen Frieden, unendliches Licht und unendliche Glückseligkeit hat, da Er unendliche Fähigkeiten besitzt, habe ich das gleiche auch in mir.

64 *Hell is a thing like doubt. Hell is a thing like jealousy. Hell is an animal like a panther. Hell is an animal like a tiger. Hell is a man like the poorest beggar. Hell is a man like the fiercest brute. Hell is a road paved with good intentions. Hell is a road that compels us to think of perfection.*

Die Hölle ist so etwas wie Zweifel. Die Hölle ist so etwas wie Eifersucht. Die Hölle ist ein Tier wie ein Panther. Die Hölle ist ein Tier wie ein Tiger. Die Hölle ist ein Mensch wie der ärmste Bettler. Die Hölle ist ein Mensch wie ein brutaler Rohling. Die Hölle ist eine Straße, die mit guten Absichten gepflastert ist. Die Hölle ist eine Straße, die uns zwingt, an Vollkommenheit zu denken.

65 *We are of the Divine and we are for the Divine. We cannot mix with ignorance and we must not allow ourselves to be devoured by ignorance.*

Wir kommen vom Göttlichen und wir sind für das Göttliche. Wir können uns nicht mit der Unwissenheit einlassen und wir dürfen es nicht zulassen, von der Unwissenheit verschlungen zu werden.

66 *The divine in us knows that Truth, Light and Divinity are everywhere. They are not the monopoly of any individual; everybody has deep within him Peace, Light and Bliss in infinite measure.*

Das Göttliche in uns weiß, dass Wahrheit, Licht und Göttlichkeit überall sind. Sie sind nicht das Monopol eines Einzelnen; jeder hat tief in sich Frieden, Licht und Glückseligkeit in unendlichem Maße.

67 *It is wrong to hate ourselves because of our imperfections.*

Es ist falsch, uns aufgrund unserer Unvollkommenheiten selbst zu hassen.

68 *Each time we fulfil one desire, more desires take its place.*

Jedes Mal wenn wir einen Wunsch erfüllen, nehmen mehr Wünsche seinen Platz ein.

69 *How do we multiply our problems? There are two ways. First, we invite the past and the future to stay with us in the heart of today. And second, we try to solve all our problems in the twinkling of an eye.*

Wie vervielfältigen wir unsere Probleme? Auf zwei Arten. Erstens laden wir die Vergangenheit und die Zukunft ein, mit uns im Herzen von Heute zu verweilen und zweitens versuchen wir, all unsere Probleme im Handumdrehen zu lösen.

70 *Do not be disappointed. It is God within you who is going through a series of experiences in and through your imperfections. When we realise God, we see that these imperfections were necessary at the time for our evolution.*

Sei nicht enttäuscht. Es ist Gott in uns, der durch eine Reihe von Erfahrungen in unseren und durch unsere Unvollkommenheiten geht. Wenn wir Gott verwirklichen, erkennen wir, dass diese Unvollkommenheiten zu dieser Zeit für unsere Entwicklung notwendig waren.

71 *At this moment, I see Him as an expanse of Light and Delight. The next moment He may take the form of a most luminous being.*

In diesem Augenblick sehe ich Ihn als eine Ausdehnung von Licht und Wonne. Im nächsten Augenblick kann Er die Form eines über alles leuchtenden Wesens annehmen.

72 *Like water and ice He can be with form or without.*

Wie Wasser und Eis kann Er mit oder ohne Form sein.

73 *The higher we go, the more we feel love as an expansion of consciousness – constant expansion, constant freedom. And the lower we go, the more we see love as something that is binding us, the more we find ourselves at the mercy of love.*

Je höher wir gehen, desto mehr fühlen wir Liebe als eine Ausdehnung unseres Bewusstseins – ständige Ausdehnung, ständige Freiheit. Und je niedriger wir gehen, desto mehr sehen wir Liebe als etwas, das uns bindet, desto mehr fühlen wir uns der Liebe auf Gedeih und Verderb ausgeliefert.

74 *The master is like a beggar. He comes to the disciple with folded hands and says, "Pray sincerely, meditate soulfully„. Then he goes to the Supreme and says, „Please grant me Your Peace, Light and Bliss so that I can offer it to my spiritual children who are praying and meditating so soulfully."*

Der Meister ist wie ein Bettler. Er kommt zu den Schülern mit gefalteten Händen und sagt: „Betet aufrichtig, meditiert seelenvoll". Dann geht er zum Supreme und sagt: „Bitte gewähre mir Deinen Frieden, Dein Licht und Deine Glückseligkeit, so dass ich sie meinen spirituellen Kindern, die so seelenvoll beten und meditieren, geben kann."

75 *As an ordinary father is responsible for his child when the child is suffering, so also the spiritual father takes responsibility for the problems of his disciples when the disciples freely and sincerely offer them to him.*

So wie ein gewöhnlicher Vater für sein Kind Verantwortung trägt, wenn das Kind leidet, so trägt auch der spirituelle Vater die Verantwortung für die Probleme seiner Schüler, wenn die Schüler sie ihm offen und aufrichtig anerbieten.

76 *Although I cannot show God to you, that does not mean that the reality of His Existence is less.*

Obwohl ich dir Gott nicht zeigen kann, bedeutet das nicht, dass die Wirklichkeit Seiner Existenz geringer ist.

77 *There are many different roads that lead to the same Goal. We cannot say that others are wrong and they cannot say that we are wrong.*

Es gibt viele verschiedene Wege, die zum selben Ziel führen. Wir können nicht sagen, dass andere sich irren, und sie können nicht sagen, dass wir uns irren.

78 *We have to accept the world as our friend, and not as our enemy.*

Wir müssen die Welt als unseren Freund annehmen und nicht als unseren Feind.

79 *If we take the positive side, then we make progress. We feel that people who constantly criticise the world and see the negative side of things are unconsciously destroying themselves.*

Wenn wir die positive Seite einnehmen, dann machen wir Fortschritt. Wir fühlen, dass Menschen, die ständig die Welt kritisieren und die negative Seite der Dinge sehen, sich unbewusst selbst zerstören.

80 *With your aspiration and inspiration, you lift me up. With my aspiration and inspiration, I lift you up. Together we lift up the consciousness of humanity.*

Mit deinem inneren Streben und deiner Inspiration hebst du mich empor. Mit meinem inneren Streben und meiner Inspiration hebe ich dich empor. Gemeinsam heben wir das Bewusstsein der Menschheit.

81 *You cannot live in desire's bondage-cave and aspiration's freedom-sky at the same time.*

Du kannst nicht gleichzeitig in der Gebundenheits-Höhle der Begierde und im Freiheits-Himmel des inneren Strebens leben.

82 *The sooner our shortcomings come to the fore, the better! Otherwise these shortcomings lie dormant in our consciousness and it may take quite a few centuries for us to illumine them.*

Je schneller unsere Unzulänglichkeiten zum Vorschein kommen, um so besser! Ansonsten schlummern diese

Unzulänglichkeiten in unserem Bewusstsein, und es kann einige Jahrhunderte dauern, bis wir sie erleuchten.

83 *If you make progress, you are bound to feel happiness.*

Wenn du Fortschritt machst, wirst du dich unweigerlich glücklich fühlen.

84 *I am on your side, do not hide, do not hide. You I shall guide, do not hide, do not hide.*

Ich bin auf deiner Seite, verstecke dich nicht, verstecke dich nicht. Ich werde dich führen, verstecke dich nicht, verstecke dich nicht.

85 *The spiritual Master has to wait for receptivity to develop. Otherwise, if all of a sudden he tries to give the disciple a higher experience, he will simply break the vessel.*

Der spirituelle Meister muss warten, bis sich Empfänglichkeit entwickelt. Ansonsten wird er nur das Gefäß zerbrechen, wenn er plötzlich versucht, dem Schüler eine höhere Erfahrung zu geben.

86 *I always say, if you doubt me, no harm. But do not doubt yourself. If you doubt yourself, your spirituality will end there.*

Ich sage immer, es macht nichts, wenn ihr an mir zweifelt. Doch zweifelt nicht an euch selbst. Wenn ihr an euch selbst zweifelt, wird eure Spiritualität dort enden.

87 *It is so easy to have more faith in somebody else than in oneself.*

Es ist so leicht, in jemand anderen mehr Vertrauen zu haben als in sich selbst.

88   *Alas, countless times you are bringing thorns to the Supreme by criticising mercilessly those who are trying to give Him roses.*

Ach, unzählige Male bringst du dem Supreme Dornen, indem du jene gnadenlos kritisierst, die versuchen, Ihm Rosen zu geben.

89   *Age is in the mind; age is not in the heart.*

Alter ist im Verstand; Alter ist nicht im Herzen.

90   *Being seekers, at every moment we have to know what is going to help us and what is going to take us away, far, farther, farthest from God.*

Als Sucher müssen wir in jedem Augenblick wissen, was uns hilft und was uns weit, weiter, am weitesten von Gott weg führt.

91   *If you have a very deep and powerful meditation, a long meditation where there is no thought, nothing, and an inspiration comes in the midst of it, at that time you can trust this inspiration. Otherwise, if people say they are receiving messages from within, it is mostly their mental hallucination.*

Wenn du eine sehr tiefe und kraftvolle Meditation hast, eine lange Meditation, in der es keine Gedanken, nichts dergleichen gibt, und eine Inspiration inmitten dieser Meditation auftaucht, dann kannst du dieser Inspiration trauen. Ansonsten, wenn Leute sagen, dass sie Botschaften von innen erhalten, ist es meistens ihre mentale Halluzination.

92 *Once you enter into the spiritual life, you have to take each incident in your life as a God-given experience.*

Wenn du in das spirituelle Leben eingetreten bist, musst du jeden Vorfall in deinem Leben als eine von Gott gegebene Erfahrung betrachten.

93 *Whatever happens in our life, either God approves it or He sanctions it or He tolerates it.*

Was immer in unserem Leben geschieht, entweder Gott befürwortet es oder Er genehmigt es oder Er toleriert es.

94 *Only if it is something really good does God approve it. But if something painful happens, then God may tolerate it.*

Nur wenn es etwas wirklich Gutes ist, wird es von Gott gebilligt. Doch wenn etwas Schmerzliches geschieht, kann es von Gott toleriert werden.

95 *Live inside the doubting mind. You are bound to see difficulties even in golden opportunities. Live inside the surrendering life. You are bound to see opportunities even in dire difficulties.*

Lebe in deinem zweifelnden Verstand. Du wirst Schwierigkeiten selbst in goldenen Gelegenheiten sehen. Lebe in deinem selbsthingebenden Leben. Du wirst Gelegenheiten selbst in den schlimmsten Schwierigkeiten sehen.

96

Receptivity increases only in one way: by increasing our gratitude to God.

Empfänglichkeit wächst nur auf eine Weise: indem wir unsere Dankbarkeit gegenüber Gott verstärken.

97

By repeating, "I am bad, I am a sinner", shall we become saints? No!

Werden wir Heilige, indem wir wiederholen: „Ich bin schlecht, ich bin ein Sünder?" Nein!

98

Money-power as such is not bad if it is used properly.

Die Macht des Geldes an sich ist nicht schlecht, sofern sie auf die richtige Weise genutzt wird.

99

Please forgive me for the things that I have done wrong and even for the things that I am going to do wrong tomorrow.

Bitte vergib mir für das, was ich falsch gemacht habe, und auch für das, was ich morgen falsch machen werde.

100

You feel fear only when you doubt yourself and doubt your own spiritual life. Just identify yourself with something higher and deeper. Lo and behold, fear is nowhere to be found.

Du fühlst nur dann Angst, wenn du an dir selbst und an deinem eigenen spirituellen Leben zweifelst. Identifiziere dich einfach mit etwas Höherem und Tieferem. Und siehe da, Angst ist nirgendwo zu finden.

100

101

God has made each human being unique to express Himself in a unique way.

Gott hat jeden Menschen einzigartig gemacht, um Sich selbst auf einzigartige Weise auszudrücken.

102

Since my Lord does not think of my future, why do I have to think of my future? Do I not know that my future is eternally safe in my Lord's Hands?

Da mein Herr nicht an meine Zukunft denkt, weshalb sollte ich dann an meine Zukunft denken? Ist mir nicht bewusst, dass meine Zukunft ewig sicher in den Händen meines Herrn liegt?

103

In so many fields, miracles are taking place if we have the eyes to see them.

Auf so vielen Gebieten geschehen Wunder, wenn wir die Augen haben, sie zu sehen.

104

Maintain your hunger and thirst. Otherwise, you will go back to your ordinary life and your mind will again become totally unspiritual. When you take part in a tug-of-war, so many times you go back five inches and then go five feet forwards. Such a struggle goes on – forwards and backwards. Like that, you have to continue to struggle in order to make progress in the spiritual life.

Erhalte dir deinen Hunger und deinen Durst. Ansonsten wirst du ins gewöhnliche Leben zurückfallen und dein Verstand wird wieder völlig unspirituell werden. Wenn du an einem Tauziehen teilnimmst, gehst du so oft zehn Zentimeter zurück und dann einen Meter vorwärts. Dieses Ringen geht weiter – vorwärts und rückwärts. Auf die gleiche Weise musst du fortfahren zu kämpfen, um im spirituellen Leben Fortschritt zu machen.

105 *One approach is to think of the hurdles that you face in life. Another approach is to think of the joy that you will get after crossing over the hurdles.*

Ein Ansatz ist, an die Hürden zu denken, denen man im Leben gegenübersteht. Ein anderer Ansatz ist, an die Freude zu denken, die man erhält, nachdem man die Hürden überwunden hat.

106 *Spiritual people are supposed to be warriors. When we face obstacles, we have to conquer them.*

Spirituelle Menschen sollten Kämpfer sein. Wenn wir Hindernissen begegnen, müssen wir sie besiegen.

107 *The sun shines for everybody. Some people take advantage of it and some people do not.*

Die Sonne scheint für alle. Einige Menschen nutzen sie aus und andere nicht.

108 *God created this world out of joy.*

Gott hat diese Welt aus Freude heraus erschaffen.

109 *No matter where you go, I will be with you.*

Ganz gleich wo du hingehst, ich werde bei dir sein.

110 *First the parents show the way to the child. Then the child can show the way to the parents.*

Erst zeigen die Eltern dem Kind den Weg. Dann kann das Kind den Eltern den Weg zeigen.

111 *Man's time is unimaginably precious and unbelievably limited.*

Die Zeit des Menschen ist unvorstellbar wertvoll und unglaublich begrenzt.

112 *To force others to accept the spiritual life is an act of stupendous ignorance.*

Andere zu zwingen, das spirituelle Leben anzunehmen, ist ein Akt enormer Unwissenheit.

113 *The face of truth is found only in longing, in the longing for truth. Not only the face of truth, but the very heart of truth, is to be found only in the longing itself.*

Das Gesicht der Wahrheit ist nur in der Sehnsucht zu finden, in der Sehnsucht nach Wahrheit. Nicht nur das Gesicht der Wahrheit, sondern das innerste Herz der Wahrheit kann nur in der Sehnsucht selbst gefunden werden.

114 *Your Master observes more than he admits. Your Master loves more than he reveals. Your Master cries more than you see. Your Master gives more than you need.*

Dein Meister beobachtet mehr als er zugibt. Dein Meister liebt mehr als er offenbart. Dein Meister ruft mehr als du siehst. Dein Meister gibt mehr als du brauchst.

115 *O seeker, do not feel that you are doomed to disappointment. Your failure-breath before long will vanish. Wake up! Make a fresh attempt. Victory's crown is awaiting you.*

O Sucher, fühle nicht, dass du zur Enttäuschung verdammt bist. Dein Fehlschlags-Atem wird in Kürze ver-

schwinden. Wach auf! Wage einen neuen Versuch. Die
Siegeskrone erwartet dich.

116 *God is every day counting my God-pleasing deeds. Therefore, I must be sleeplessly careful in all that I say and do.*

Gott zählt jeden Tag meine Gott-erfreuenden Taten.
Deshalb muss ich in allem, was ich sage und tue, unablässig sorgfältig sein.

117 *What is within will sooner or later be manifested without.
The possessor of divine thoughts will also be the doer of
divine deeds.*

Was innen ist wird früher oder später außen manifestiert
werden. Wer göttliche Gedanken hegt, wird auch göttliche Taten vollbringen.

118 *One can never jump the hurdles of life without aspiration
from within and Grace from Above.*

Man kann die Hürden des Leben niemals ohne Strebsamkeit von innen und Gnade von Oben überspringen.

119 *To make constant progress, we must dream a dream of
the ever-transcending Beyond.*

Um beständig Fortschritt zu machen, müssen wir den
Traum des sich ewig transzendierenden Jenseits träumen.

120 *Regular, sincere and soulful meditation is the only way
to have a truly disciplined life. But before meditation one
should practice concentration. When one concentrates, he
becomes a divine hero. He enters into the battlefield of
life and light where there can be no doubt, no fear.*

Regelmäßige, aufrichtige und seelenvolle Meditation ist der einzige Weg, um ein wahrhaft diszipliniertes Leben zu führen. Doch vor der Meditation sollte man Konzentration üben. Wenn sich jemand konzentriert, wird er zum göttlichen Helden. Er betritt das Schlachtfeld des Lebens und des Lichts, wo es keinen Zweifel und keine Furcht gibt.

121 *No matter how many times it takes, I will keep on trying to please my Master, my Guru.*

Ganz gleich wie lange es dauert, ich werde weiter versuchen, meinen Meister, meinen Guru zufrieden zu stellen.

122 *I cannot hide anything from You.*

Ich kann nichts vor Dir verstecken.

123 *Our existence is the result of a previous existence. This world of ours is the result of an earth that existed before.*

Unser Dasein ist das Ergebnis einer früheren Existenz. Diese unsere Welt ist das Ergebnis einer Erde, die zuvor existierte.

124 *He who has the inner illumination knows that his existence on earth is the embodiment of God and his actions are the expressions of God. He feels that he is never the doer; he is a mere instrument.*

Derjenige, der innere Erleuchtung besitzt, weiß, dass seine Existenz auf Erden die Verkörperung Gottes ist und dass sich Gott in seinen Taten ausdrückt. Er fühlt, dass er niemals der Handelnde ist; er ist nur ein Instrument.

125 *To have an Avatar as one's Guru is to find a save harbour for one's life-boat.*

Einen Avatar als seinen Guru zu haben bedeutet, einen sicheren Hafen für sein Lebens-Boot zu finden.

126 *Somebody has to start, then from one it spreads to many.*

Jemand muss beginnen, dann breitet es sich von einem auf viele aus.

127 *If you have the inner strength to obey your Master, you will be the happiest person.*

Wenn du die innere Kraft besitzt, deinem Meister zu gehorchen, wirst du der glücklichste Mensch sein.

128 *When we speak of obedience, what we actually mean is that our own higher existence, which the spiritual Master represents, has to illumine our lower existence, our doubting mind and rebellious vital. The owner of the house comes down from the third floor to the basement, and while descending he turns on the light switch on each floor. Then the whole house becomes illumined. This is how our spiritual illumination takes place.*

Wenn wir von Gehorsam sprechen, meinen wir in Wirklichkeit, dass unsere eigene höhere Existenz, welche der spirituelle Meister verkörpert, unsere niedere Existenz, unseren zweifelnden Verstand und unser rebellisches Vitales erleuchten muss. Der Eigentümer des Hauses steigt vom dritten Stockwerk in den Keller hinab, und während er herabkommt, macht er in jedem Stockwerk das Licht an. Dann wird das ganze Haus erleuchtet. So findet auch unsere spirituelle Erleuchtung statt.

129 *All these lower vital movements are trying to enter into me. No, I shall not permit them. I have my inner strength, indomitable strength. I shall fight against them.*

All diese niederen vitalen Regungen versuchen in mich einzudringen. Nein, ich werde es nicht zulassen. Ich habe meine innere Stärke, meine unbezwingbare Stärke. Ich werde gegen sie kämpfen.

130 *Do not think of the past. Do not think of the future. Think only of the present.*

Denke nicht an die Vergangenheit. Denke nicht an die Zukunft. Denke nur an die Gegenwart.

131 *I have reached the Highest to bring down the fruit of the Highest for you.*

Ich habe das Höchste erreicht, um die Frucht des Höchsten für euch herabzubringen.

132 *You can remember God all day if you discover the supreme Truth that except God-realisation there is nothing on earth worth achieving or worth becoming.*

Du kannst den ganzen Tag an Gott denken, wenn du die erhabene Wahrheit entdeckst, dass es außer Gott-Verwirklichung auf Erden nichts gibt, das sich zu erringen oder zu werden lohnt.

133 *The Master understands our language. He is one with us. Although in the inner world he is infinitely superior to us, he is in us and for us.*

Der Meister versteht unsere Sprache. Er ist eins mit uns. Obgleich er uns in der inneren Welt unendlich überlegen ist, ist er in uns und für uns.

134 *Him to realise, Him to serve, Him to manifest on earth, we saw the light of day.*

Ihn zu verwirklichen, Ihm zu dienen, Ihn auf Erden zu manifestieren, erblickten wir das Licht der Welt.

135 *When one is ready, when one is sincerely ready in his spiritual life, either he will go to his Master or the Master will come to him.*

Wenn jemand bereit ist, wenn jemand in seinem spirituellen Leben aufrichtig bereit ist, dann wird er entweder zu seinem Meister gehen oder der Meister wird zu ihm kommen.

136 *God has so much Compassion because He feels that only by using His Compassion can He bring people out of the temptation-snare. If He does not use Compassion, then man will always remain ignorant, imperfect, unillumined and unfulfilled.*

Gott besitzt so viel Mitleid, weil Er fühlt, dass Er die Menschen nur aus der Versuchungs-Schlinge befreien kann, indem Er Sein Mitleid benutzt. Wenn er kein Mitleid benutzt, wird der Mensch immer unwissend, unvollkommen, unerleuchtet und unerfüllt bleiben.

137 *Whenever there is suffering, immediately you have to feel that it could have been infinitely worse.*

Wann immer du Leid erfährst, musst du sofort fühlen, dass es unendlich viel schlimmer hätte sein können.

138 *When we meditate on the sea or the sky, we enter into the consciousness of that vastness. But when we contemplate, that consciousness becomes our very own.*

Wenn wir auf das Meer oder den Himmel meditieren, treten wir in das Bewusstsein dieser Weite ein. Doch wenn wir kontemplieren, wird dieses Bewusstsein ganz unser eigen.

139 *A seeker may not be consciously aware that he is infinitely higher than those who are unaspiring.*

Ein Sucher mag sich nicht bewusst gewahr sein, dass er unendlich viel höher ist als jene, die nicht streben.

140 *The best and most effective way to rectify your mistakes is not to repeat them.*

Die beste und effektivste Weise, deine Fehler zu korrigieren, besteht darin, sie nicht zu wiederholen.

141 *Forgiveness and happiness are twins.*

Vergebung und Glücklichsein sind Zwillinge.

142 *First of all we have to become spiritual ourselves, and only then we can try to raise the consciousness of others.*

Als erstes müssen wir selbst spirituell werden, und nur dann können wir versuchen, das Bewusstsein anderer Menschen zu heben.

143 *If you do not touch water, you will not know what water feels like.*

Wenn du Wasser nicht berührst, wirst du nicht wissen, wie sich Wasser anfühlt.

144 *We are God's children and therefore we cannot wallow in the pleasures of ignorance.*

Wir sind Gottes Kinder und deshalb können wir nicht in den Vergnügungen der Unwissenheit schwelgen.

145

The world is for the brave.

Die Welt gehört den Tapferen.

146

That which He spreads, He gets back, just as when a fisherman throws his net it spreads out and he can draw it back towards himself again.

Das was Er ausbreitet, erhält er wieder zurück, genauso wie ein Fischer sein Netz auswirft. Es breitet sich aus und er kann es wieder zu sich zurückziehen.

147

God's help, just like sunlight, is there for everyone. If somebody keeps his doors and windows open, then he receives sunlight in his room.

Gottes Hilfe ist für alle, genau wie das Sonnenlicht. Wenn jemand seine Türen und Fenster offen lässt, dann empfängt er das Sonnenlicht in seinem Zimmer.

148

God offers His Light, His inner Nourishment, but He does not force anyone to accept it.

Gott anerbietet Sein Licht, Seine innere Nahrung, doch Er zwingt niemanden, es zu anzunehmen.

149

Never surrender to ignorance-temptation.

Ergib dich niemals der Unwissenheits-Versuchung.

150

When He feels that we really do not want to mix with ignorance, that we no longer want to have anything to do with it, then He gives us infinite inner power and strength to come out of ignorance.

Wenn Er fühlt, dass wir uns wirklich nicht mit der Unwissenheit einlassen wollen, dass wir nichts mehr mit ihr zu tun haben wollen, dann gibt Er uns unendliche innere Kraft und Stärke, um uns aus der Unwissenheit zu lösen.

151 *At long last I have come to realise that ignorance-night is terribly and helplessly afraid of my prayer-heart.*

Endlich habe ich erkannt, dass sich die Unwissenheits-Nacht außerordentlich und hilflos vor meinem Gebets-Herzen fürchtet.

152 *God has chosen you to establish His Victory here on earth.*

Gott hat dich erwählt, Seinen Sieg hier auf Erden zu begründen.

153 *When you do something wrong, pray to God the Illumination to illumine you, instead of asking God the Compassion to forgive you. If God the Compassion forgives you, you may repeat the same mistake again and again. But if God the Illumination illumines you, then once and for all you will be liberated from the ruthless attacks of ignorance-night.*

Wenn du etwas falsch machst, dann bete zu Gott der Erleuchtung, damit Er dich erleuchtet anstatt Gott das Mitleid zu bitten, dir zu vergeben. Wenn Gott das Mitleid dir vergibt, machst du den selben Fehler vielleicht immer wieder. Doch wenn Gott die Erleuchtung dich erleuchtet, dann wirst du ein für allemal von den gnadenlosen Angriffen der Unwissenheits-Nacht befreit sein.

154 *God will never give anything untimely. That would be like plucking an unripe fruit from a tree, thinking that it will be most delicious.*

Gott gibt niemals etwas, wenn die Zeit nicht reif ist. Das wäre wie eine unreife Frucht von einem Baum zu pflücken und zu glauben, dass sie den köstlichsten Geschmack hat.

155 *What a spiritual aspirant calls bad, may be relatively good compared to what an unaspiring person calls bad.*

Was eine spirituell strebende Person als schlecht bezeichnet, mag relativ gut sein verglichen mit dem, was eine nicht strebende Person als schlecht bezeichnet.

156 *Let God be responsible for our bad actions and good actions and for others' good and bad actions also.*

Lass Gott verantwortlich sein für unsere schlechten und unsere guten Taten und ebenso für die guten und schlechten Taten anderer.

157 *You know that a doubting mind is hell-depth. But you do not know that a loving heart is Heaven-height. You must learn this as well.*

Du weißt, dass ein zweifelnder Verstand Höllen-Tiefe ist. Doch du weißt nicht, dass ein liebendes Herz Himmels-Höhe ist. Du musst du ebenfalls lernen.

158 *What can poor God do when a genuine seeker deliberately enjoys unspiritual things? He just watches in sad amazement.*

Was kann der arme Gott tun, wenn sich ein wahrer Sucher bewusst an unspirituellen Dingen erfreut? Er beobachtet einfach nur mit traurigem Erstaunen.

159

My Lord tells me that in the inner world there is nothing to discover, only to uncover.

Mein Herr sagt mir, dass es in der inneren Welt nichts zu entdecken gibt, nur aufzudecken.

160

He who has no peace of mind does not like to follow or to be followed.

Derjenige, der keinen inneren Frieden hat, mag es nicht jemandem zu folgen oder dass man ihm folgt.

161

The human in me prays to God for comfort from God. The divine in me prays to God for God's Advice.

Das Menschliche in mir betet zu Gott um Gottes Trost. Das Göttliche in mir betet zu Gott um Gottes Ratschlag.

162

My Lord, do not allow my life to die without significance and mingle with the dust. I really want to love You in Your own Way. I really want to please You in Your own Way.

Mein Herr, erlaube meinem Leben nicht, bedeutungslos zu sterben und sich mit dem Staub zu vermischen. Ich möchte Dich wirklich auf Deine eigene Weise lieben. Ich möchte Dich wirklich auf Deine eigene Weise erfreuen.

163

You are quite advanced the moment you feel that yours is not the only way.

Du bist schon weit fortgeschritten, sobald du fühlst, dass dein Weg nicht der einzige ist.

164

Heaven and hell are two planes of consciousness into which we daily enter. When we do good things, we are in joy, we are in Heaven. When we do wrong things, we are in hell.

Himmel und Hölle sind zwei Bewusstseins-Ebenen, die wir täglich betreten. Wenn wir gute Dinge tun, sind wir glücklich, sind wir im Himmel. Wenn wir falsche Dinge tun, sind wir in der Hölle.

165

When we say "I will not do it," already the negative thing has half of its power just because we are thinking about it.

Wenn wir sagen „Ich werde es nicht tun," erhält das Negative bereits die Hälfte seiner Kraft einfach nur, weil wir daran denken.

166

Meditation is the invocation of some higher force or higher reality into the lower part of our existence.

Meditation ist das Herabrufen einer höheren Kraft oder einer höheren Wirklichkeit in den niederen Teil unseres Daseins.

167

God gives us everything unreservedly and unconditionally, but we receive according to our receptivity.

Gott gibt uns alles uneingeschränkt und bedingungslos, doch wir empfangen entsprechend unserer Aufnahmefähigkeit.

168

When I see sincere, devoted disciples in front of me during meditation, it gives me tremendous inspiration. It is like this. Before we invoke the Supreme or a Cosmic God, the power that they have remains dormant, it does not increase or expand. But when it gets inspiration, it can roar like a lion.

Wenn ich während der Meditation aufrichtige, ergebene Schüler vor mir sehe, gibt es mir enorme Inspiration. Es ist so: Bevor wir den Supreme oder einen kosmischen Gott anrufen, schlummert die Kraft, die sie haben. Sie nimmt weder zu noch dehnt sie sich aus. Doch wenn sie Inspiration erhält, kann sie brüllen wie ein Löwe.

169 *If a person is impure, I feel as though somebody is attacking me with an arrow. I do not even have to look at the person. I may be looking this side or that side, but I keep myself absolutely open on all levels so that everyone and everything can come to me, to attack me or to receive from me.*

Wenn eine Person unrein ist, ist es für mich, wie wenn mich jemand mit einem Pfeil angreift. Ich muss die Person nicht einmal anschauen. Ich mag auf diese Seite oder jene Seite schauen, doch ich halte mich auf allen Ebenen völlig offen, so dass jeder und alles zu mir kommen kann – um mich anzugreifen oder um von mir zu empfangen.

170 *Nobody can impose meditation on us. We have to accept it on our own.*

Niemand kann uns Meditation auferlegen. Wir müssen sie von uns aus annehmen.

171 *Darkness does not want a higher force to take its place, so it fights with all its power to perpetuate its rule.*

Die Dunkelheit will nicht, dass eine höhere Macht ihren Platz einnimmt, deshalb kämpft sie mit all ihrer Kraft, um ihre Herrschaft aufrecht zu erhalten.

172 *When we consciously open ourselves to the Light, inevitably all our unconscious weaknesses and limitations come forward to bar the way. The more the light beckons us, the stronger becomes our unruly, undivine and unconscious part. This is an inescapable spiritual law, which we can see operating in the individual as well as in the collectivity. This eternal battle between darkness and Light becomes even more intense when a new and higher cycle is about to begin in the evolution of mankind, which is the case today.*

Wenn wir uns bewusst dem Licht öffnen, kommen zwangsläufig all unsere unbewussten Schwächen und Begrenzungen zum Vorschein, um uns den Weg zu versperren. Je mehr uns das Licht zu sich zieht, desto stärker wird unser widerspenstiger, ungöttlicher und unbewusster Teil. Dies ist ein unausweichliches spirituelles Gesetz, das wir sowohl im Individuum wie auch im Kollektiv wirken sehen. Diese ewige Schlacht zwischen Dunkelheit und Licht wird sogar noch intensiver, wenn ein neuer, höherer Zyklus in der Evolution der Menschheit beginnt, wie es heute der Fall ist.

173 *You are the new hope of Mother Earth.*

Du bist die neue Hoffnung von Mutter Erde.

174 *Just speak to God. He is all eagerness to listen to you.*

Sprich einfach zu Gott. Er ist mehr als bereit, dir zuzuhören.

175 *We have to believe in a higher Power. Only by believing in a higher Power can we go beyond and beyond our limited human capacity.*

Wir müssen an eine höhere Macht glauben. Nur indem wir an eine höhere Macht glauben, können wir immer weiter über unsere beschränkten menschlichen Fähigkeiten hinausgehen.

176 *We have to be very sincere; brutally sincere in our spiritual life. We all know our weaknesses, but very often we just ignore them.*

Wir müssen in unserem spirituellen Leben aufrichtig, brutal aufrichtig sein. Wir kennen alle unsere Schwächen, doch sehr oft ignorieren wir sie.

177 *This moment you cry for liberation, and the next moment you cry for temptation.*

In diesem Augenblick sehnst du dich nach Befreiung und im nächsten Augenblick rufst du nach der Versuchung.

178 *You should be happy that all your enemies, all your weaknesses are coming forward. Only if they come forward you can conquer them.*

Du solltest dich glücklich schätzen, dass all deine Feinde, all deine Schwächen zum Vorschein kommen. Nur wenn sie zum Vorschein kommen, kannst du sie überwinden.

179 *You should make yourself feel that today is the last day for you to achieve everything that you are supposed to achieve.*

Du solltest fühlen, dass heute der letzte Tag ist, um alles zu erreichen, was du zu erreichen hast.

180

When you have a higher goal, automatically your aspiration increases.

Wenn du ein höheres Ziel hast, dann wächst automatisch dein inneres Streben.

181

How to overcome destructive criticism? Just love a little more.

Wie überwindet man zerstörerische Kritik? Liebe einfach etwas mehr, das ist alles.

182

Just tray again and again! All your failures will eventually fade away.

Versuche es einfach immer wieder! All deine Fehlschläge werden schließlich verblassen.

183

A life without faults and failings is a life founded upon dreams and not upon reality.

Ein Leben ohne Fehler und Fehlschläge ist ein Leben, das auf Träumen gegründet ist und nicht auf der Wirklichkeit.

184

Feel that there are two competitors: your Guru and the undivine thought. Whom do you want to please?

Fühle, dass es zwei Wettbewerber gibt: deinen Guru und den ungöttlichen Gedanken. Wem willst du eine Freude machen?

185

You have to feel that when you entered into our path, you began to do what God wanted you to do in God's own Way.

Du musst fühlen, dass du, als du auf unseren Weg gekommen bist, begonnen hast, das, was Gott von dir wollte – auf Seine eigene Weise zu tun.

186

We are told that opportunity does not often knock at our door, but when we try to live the divine life, we come to realise that opportunity knocks at our door at every second.

Man sagt, dass eine Gelegenheit nicht sehr oft an unsere Türe klopft. Doch wenn wir versuchen, ein spirituelles Leben zu führen, dann erkennen wir, dass in jeder Sekunde eine Gelegenheit an unsere Türe klopft.

187

When the Master accepts a disciple, it is understood that ignorance, the thief, has already entered into the disciple's house. The owner of the house is the disciple and the Master is his friend. The friend and the owner of the house have agreed to search for the thief, catch him and throw him out of the house. But what has happened is that the owner does not sincerely try to search for the thief and throw him out of the house. Here the problem lies.

Wenn der Meister einen Schüler annimmt, gehen beide davon aus, dass die Unwissenheit, der Dieb, bereits in das Haus des Schülers eingedrungen ist. Der Besitzer des Hauses ist der Schüler und der Meister ist sein Freund. Der Freund und der Besitzer des Hauses haben sich geeinigt, nach dem Dieb zu suchen, ihn zu fangen und ihn aus dem Haus zu werfen. Doch dann geschieht folgendes: Der Eigentümer des Hauses versucht nicht aufrichtig, den Dieb zu finden und ihn aus dem Haus zu werfen. Hier liegt das Problem.

188

The disciples should try to feel that what they are getting is by far the best for them and what others are getting is by far the best for them.

Die Schüler sollten versuchen zu fühlen, dass das, was sie erhalten, für sie bei weitem das Beste ist, und dass das, was andere erhalten, bei weitem das Beste für sie ist.

189

Every day think of the day when you first made a total commitment to our path. How eager you were, how happy you were!

Denke jeden Tag an den Tag, als du dir das erste Mal ein absolutes Versprechen gabst, dich unserem Weg zu widmen. Wie eifrig du warst, wie glücklich du warst!

190

Every day, every second, only ask yourself if you are going to please the Supreme by doing this, by saying this or by becoming this.

Frage dich nur jeden Tag, jede Sekunde selbst, ob du den Supreme erfreuen wirst, wenn du etwas bestimmtes tust, sagst oder wirst.

191

In comparison to the world population, very few people are praying and meditating.

Im Verhältnis zur Weltbevölkerung beten und meditieren nur sehr wenige Menschen.

192

If you say spirituality and desire-life can go side by side, you are mistaken.

Wenn du sagst, Spiritualität und Wunsch-Leben können Hand in Hand gehen, dann irrst du dich.

193

If we associate with our aspiration-life, automatically the desire-life will begin to leave us.

Wenn wir uns auf unser Strebsamkeits-Leben einlassen, wird das Wunsch-Leben automatisch beginnen, uns zu verlassen.

194

If you want to hide, if you do not want to take the doctor's medicine, then it is not the doctor's fault if you die. When you try to hide your undivine thoughts, you are making a serious mistake, and when you think that I do not see them, you are again making a mistake.

Wenn du dich verstecken willst, wenn du nicht die Medizin des Arztes nehmen willst, dann ist es nicht der Fehler des Arztes, wenn du stirbst. Wenn du versuchst, deine ungöttlichen Gedanken zu verstecken, begehst du einen ernsthaften Fehler, und wenn du glaubst, dass ich deine Gedanken nicht sehe, begehst du abermals einen Fehler.

195 *The desire-life and the aspiration-life are both struggling for their own survival.*

Das Wunsch-Leben und das Strebsamkeits-Leben kämpfen beide um ihr eigenes Überleben.

196 *Our aim is progress. Today's success will pale into insignificance tomorrow.*

Unser Ziel ist Fortschritt. Der Erfolg von heute wird morgen zur Bedeutungslosigkeit verblassen.

197 *We have to feel God's Compassion as something infinitely stronger than that which is attacking us; then we will see what Grace can do.*

Wir müssen Gottes Mitleid als etwas unendlich viel Stärkeres empfinden als das, was uns gerade angreift. Dann werden wir sehen, wozu Gnade fähig ist.

198 *You and I create the world by the vibrations that we offer to the world.*

Du und ich erschaffen die Welt durch die Schwingungen, die wir der Welt anbieten.

199 *When we speak to our spiritual brothers and sisters, we should speak with utmost humility.*

Wenn wir zu unseren spirituellen Brüdern und Schwestern sprechen, sollten wir es mit äußerster Demut tun.

200 *The past has tortured you enough. Do not allow the future to disturb you.*

Die Vergangenheit hat dich genug gequält. Erlaube der Zukunft nicht, dich zu beunruhigen.

200

201

Immediately stop hiding. Come out and bravely fight. God wants you to be a hero supreme on the battlefield of life.

Hör sofort auf, dich zu verstecken. Komm hervor und kämpfe tapfer. Gott möchte, dass du ein großer Held auf dem Schlachtfeld des Lebens bist.

202

May my heart, mind, vital, body and life never wane in enthusiasm, even for a fleeting second!

Möge der Enthusiasmus meines Herzens, meines Verstandes, meiner Lebenskraft, meines Körpers und meines Lebens niemals schwinden, auch nicht für eine flüchtige Sekunde!

203

When we seek appreciation from others, we get no appreciation, but flattery.

Wenn wir nach Bewunderung von anderen suchen, erhalten wir keine Bewunderung sondern Schmeichelei.

204

I have chosen the life that knows how to bow.

Ich habe das Leben gewählt, das weiß, wie man sich verneigt.

205

The millions of mistakes that we have made, the many undivine things that we have done – these we have to totally obliterate from our minds.

Die Millionen von Fehlern, die wir gemacht haben, die vielen ungöttlichen Dinge, die wir getan haben – sie alle müssen wir völlig aus unserem Verstand löschen.

206

The Master is guiding, therefore fear not.

Der Meister leitet dich, hab' daher keine Angst.

207 *When you meditate, just throw yourself with your utmost aspiration into the consciousness of the Supreme. Your utmost aspiration should be the feeling of oneness. Feel that you are entering into something which is your true self. You are not entering into a foreign element or foreign person, you are entering into your own highest.*

Wenn du meditierst, dann wirf dich einfach mit deiner größten Strebsamkeit in das Bewusstsein des Supreme (des Höchsten). Deine größte Strebsamkeit sollte das Gefühl des Einsseins sein. Fühle, dass du in etwas eintrittst, das dein wahres Selbst ist. Du trittst nicht in ein fremdes Element oder eine fremde Person ein, sondern in dein eigenes Höchstes.

208 *If somebody is drowning in the water, then naturally the person who is on the shore has to also enter into the water if he wants to be of help.*

Wenn jemand im Wasser ertrinkt, dann muss derjenige, der am Ufer steht, natürlich auch ins Wasser gehen, wenn er helfen will.

209 *We should continue to meditate as long as we can do it soulfully and devotedly.*

Wir sollten solange mit der Meditation fortfahren, wie wir es seelenvoll und ergeben tun können.

210 *When you meditate on the heart, you feel a sense of delight, a sense of oneness with something vast and infinite. In the heart there is infinite Light, Peace and Bliss. Other centres in the body have these qualities too, but the place where you can get them in abundant measure is in the heart. So you have to be wise. If you are hungry, you go to the kitchen for food, not to the bedroom.*

Wenn du auf das Herz meditierst erhältst du ein Gefühl der Wonne, ein Gefühl des Einsseins mit etwas Weitem und Unendlichem. Im Herzen ist unendliches Licht, unendlicher Frieden und unendliche Glückseligkeit. Andere Zentren im Körper haben diese Eigenschaften ebenfalls, doch der Ort, wo du sie in vollem Maße erhalten kannst, ist das Herz. Deshalb musst du weise sein. Wenn wir hungrig sind, gehen wir in die Küche, um etwas zu essen, und nicht ins Schlafzimmer.

211 *God gives us Light and He uses this Light in and through us for others.*

Gott gibt uns Licht, und Er benutzt dieses Licht in und durch uns für andere.

212 *Everything depends on the goals you set.*

Alles hängt von den Zielen ab, die du dir setzt.

213 *Naturally, if we are wise we will take the shortest route. Each second counts.*

Wenn wir weise sind, werden wir selbstverständlich die kürzeste Route nehmen. Jede Sekunde zählt.

214 *God-realisation means our constant, conscious feeling of inseparable oneness with the Highest.*

Gott-Verwirklichung bedeutet unser ständiges, bewusstes Gefühl untrennbaren Einsseins mit dem Höchsten.

215 *We say „I have done this, I have done that.“ But the important thing is, "Was I inspired by God? Was I commissioned by God?" If our actions are not inspired by God,*

they are inspired by our ego. Then the service that we offer to the world will be full of darkness and imperfections.

Wir sagen „Ich habe dieses getan, ich habe jenes getan." Doch das Wichtigste ist: „Wurde ich von Gott inspiriert? War ich von Gott beauftragt?" Wenn unsere Handlungen nicht von Gott inspiriert sind, sind sie von unserem Ego inspiriert. Dann wird der Dienst, den wir der Welt anbieten, voller Dunkelheit und Unvollkommenheiten sein.

216 *If a seeker really wants God, then God Himself will protect him from temptations and from wrong forces.*

Wenn ein Sucher wirklich Gott will, dann wird Gott Selbst ihn vor Versuchungen und vor falschen Kräften beschützen.

217 *You possess money and you use it in your own way. But if the money possesses you with its material power, then it will corrupt your nature. You will be caught by greed and attachment.*

Du besitzt Geld und benutzt es auf deine eigene Weise. Doch wenn dich das Geld mit seiner materiellen Macht besitzt, wird es deinen Charakter verderben. Dann werden Gier und Anhaftung dich gefangen nehmen.

218 *We have to know what we want: temptation or fulfilment. If fulfilment is our choice, then temptation has to be discarded from our life of aspiration.*

Wir müssen wissen, was wir wollen: Versuchung oder Erfüllung. Wenn unsere Wahl Erfüllung ist, dann muss Versuchung aus unserem Leben der Strebsamkeit entfernt werden.

219

We meditate in order to empty our mind and in order to empty our heart. When we empty our mind we receive God the Peace. When we empty our heart we receive God the Love. Peace and Love are the two most important things in our life.

Wir meditieren, um unseren Verstand zu leeren und um unser Herz zu leeren. Wenn wir unseren Verstand leeren, erhalten wir Gott, den Frieden. Wenn wir unser Herz leeren, erhalten wir Gott, die Liebe. Frieden und Liebe sind die zwei wichtigsten Dinge in unserem Leben.

220

Suppose we are constantly at the mercy of anger. Now, if we can establish peace in our being, we will not have anger. How do we do this? We do not think of anger at all; we pray and meditate only for peace. The very nature of peace is to spread. When peace spreads its wings inside our being our anger is bound to be transformed because it comes under the influence of peace.

Angenommen, wir sind ständig unserer Wut ausgeliefert. Wenn wir jedoch in unserem Wesen Frieden errichten können, werden wir keine Wut haben. Wie machen wir das? Wir denken überhaupt nicht an die Wut; wir beten und meditieren nur für Frieden. Das ureigene Wesen des Friedens ist es, sich auszudehnen. Wenn Frieden seine Flügel in unserem Wesen ausbreitet, wird unsere Wut unweigerlich verwandelt werden, weil sie unter den Einfluss des Friedens gerät.

221

The very function of ego is separation.

Was das Ego tatsächlich bewirkt, ist Trennung.

222 *Every thought is either composed of ignorance or of wisdom,*
of darkness or of light. There is nothing in between. Either
darkness is filling the vessel or light is filling the vessel.

Jeder Gedanke besteht entweder aus Unwissenheit oder
aus Weisheit, aus Dunkelheit oder aus Licht. Es gibt
nichts dazwischen. Entweder füllt Dunkelheit unser
Gefäß oder Licht.

223 *People who have entered into the spiritual life and do*
not take a conscious part in ignorance may observe it at a
distance, but I wish to say that even at a distance they
are bound to be affected. The best thing is to be freed
totally from the game of temptation and frustration. It is
easy. First we will not observe the game in ourselves, then
we will not observe it in others. We then have to feel in
ourselves another game. And this is the game of aspiration
and illumination.

Menschen, die in das spirituelle Leben eingetreten sind
und nicht bewusst an der Unwissenheit teilnehmen,
mögen die Unwissenheit aus der Ferne beobachten, doch
ich möchte sagen, dass sie selbst aus der Ferne unweigerlich davon beeinflusst werden. Das beste ist, vom Spiel
der Versuchung und der Frustration völlig frei zu werden.
Das ist leicht. Zuerst werden wir das Spiel nicht mehr in
uns selbst beobachten, und dann werden wir es nicht
mehr in anderen beobachten. Dann müssen wir in uns
selbst ein anderes Spiel fühlen. Und das ist das Spiel des
inneren Strebens und der Erleuchtung.

224 *We cherish many stupid thoughts and ideas; in our day-*
to-day life we forget that we have an eternal life, an
endless life, a divine reality within us.

Wir hängen vielen dummen Gedanken und Ideen nach; in unserem tagtäglichen Leben vergessen wir, dass wir ein ewiges Leben, ein endloses Leben, eine göttliche Wirklichkeit in uns haben.

225

We stupidly feel that God is eternal and immortal and we are all meaningless creatures.

Wir glauben törichterweise, dass Gott ewig und unsterblich ist, während wir alle bedeutungslose Kreaturen sind.

226

We have to feel that although He is eternal, still He is crying to offer His Infinity and Immortality to us.

Wir müssen fühlen, dass Er, obgleich Er ewig ist, sich danach sehnt, uns Seine Unendlichkeit und Seine Unsterblichkeit zu geben.

227

Your cheerfulness is like the strength of a lion, the strength of an elephant.

Deine Heiterkeit ist wie die Stärke eines Löwen, wie die Stärke eines Elefanten.

228

Why should it be God's Will for us to quarrel and fight and kill each other? This is not God's Will, it is our will, and He is just tolerating us.

Warum sollte es Gottes Wille sein, dass wir streiten, kämpfen und einander umbringen? Das ist nicht Gottes Wille, es ist unser Wille, und Er toleriert uns lediglich.

229

Seekers must be very careful. They must not resort to violence even in their thoughts or ideas. Even in their minds they must not think ill of anybody. To think ill of somebody in the mental world is to kill that person and deliberately pull down his consciousness.

Sucher müssen sehr vorsichtig sein. Sie dürfen keine Gewalt anwenden, auch nicht in ihren Gedanken oder Vorstellungen. Sie dürfen im Geiste nicht einmal schlecht über jemanden denken. Über jemanden schlecht zu denken heißt, den Betreffenden zu töten und sein Bewusstsein vorsätzlich herabzuziehen.

230 *If you know that the newspaper is full of undivine forces on every page, which is true, then why do you read it?*

Wenn du weißt, dass die Zeitung auf jeder Seite voller ungöttlicher Kräfte ist, was stimmt, weshalb liest du sie dann?

231 *May my life become an endless river of God-gratitude-tears and smiles.*

Möge mein Leben ein endloser Fluss von Gott-Dankbarkeits-Tränen und -Lächeln werden.

232 *The ego is that very thing which limits us in every sphere of life. We are God's children; we are one with God. But the ego makes us feel that we do not belong to God, that we are perfect strangers to Him. At best, it makes us feel that we are going to God, not that we are in God.*

Das Ego ist das, was uns in allen Lebensbereichen begrenzt. Wir sind Gottes Kinder; wir sind eins mit Gott. Doch das Ego lässt uns fühlen, dass wir nicht zu Gott gehören, dass wir für Ihn vollkommen Fremde sind. Bestenfalls lässt es uns fühlen, dass wir zu Gott gehen, doch nicht, dass wir in Gott sind.

233 *The ego makes us feel that we are all separate weaklings, that it will never be possible for us to be or to have the Infinite Consciousness.*

Das Ego lässt uns fühlen, dass wir alle einzelne Schwächlinge sind, dass es für uns niemals möglich sein wird, das Unendliche Bewusstsein zu sein oder zu besitzen.

234 *God's all-pervading Consciousness is already within us; we have just to be aware of it.*

Gottes all-durchdringendes Bewusstsein ist bereits in uns, wir müssen uns dessen nur bewusst sein.

235 *Pray to God every day to give you what you need and not what you want.*

Bete jeden Tag zu Gott, dir zu geben, was du brauchst, und nicht, was du willst.

236 *Whatever we do, say or think is karma.*

Was immer wir tun, sagen oder denken ist Karma.

237 *I can live without air but not without God.*

Ich kann ohne Luft leben, doch nicht ohne Gott.

238 *A newspaper has only world-information. By getting world-information, you come nowhere nearer to God.*

Eine Zeitung enthält nur weltliche Information. Durch weltliche Information kommst du Gott in keiner Weise näher.

239

Negative forces are those forces that tell you that you are hopeless and useless, that you cannot realise God and that it is useless to try.

Positive forces make you feel that you are God's chosen son and you have the possibility and potentiality of doing something significant for God and for your own divinity at every moment.

Negative Kräfte sind jene Kräfte, die dir sagen, dass du hoffnungslos und nutzlos bist, dass du Gott nicht verwirklichen kannst und dass es nutzlos ist, es zu versuchen.

Positive Kräfte lassen dich fühlen, dass du Gottes auserwähltes Kind bist und dass du jeden Augenblick die Möglichkeit und das Potential hast, etwas Bedeutendes für Gott und für deine eigene Göttlichkeit zu tun.

240

You have to feel that God-realisation is the only reason you are on earth.

Du musst fühlen, dass Gott-Verwirklichung der einzige Grund ist, weshalb du hier auf der Erde bist.

241

Ignorance can attack you most powerfully only when you have not fed your soul in the morning and during the day.

Die Unwissenheit kann dich nur dann mit aller Macht angreifen, wenn du am Morgen und während des Tages deine Seele nicht genährt hast.

242

The difficulty is that we try to perfect others before we perfect ourselves.

Die Problematik liegt darin, dass wir versuchen, andere zu vervollkommnen bevor wir versuchen, uns selbst zu vervollkommnen.

243

Man is bound to the finite, but he cannot be bound by the finite.

Der Mensch ist an das Endliche gebunden, doch er kann vom Endlichen nicht gebunden werden.

244

He is mistaken who thinks that peace will, on its own, enter into him near the end of his life's journey. To hope to achieve peace without spirituality or meditation is to expect water in the desert.

Wer glaubt, dass Frieden von selbst kommen und gegen Ende seiner Lebensreise in ihn eintreten wird, liegt falsch. Zu hoffen, Frieden ohne Spiritualität und Meditation zu erringen, bedeutet Wasser in der Wüste zu erwarten.

245

When we observe others' mistakes we enter into their imperfections. This does not help us in the least.

Wenn wir die Fehler der anderen beobachten, treten wir in deren Unvollkommenheiten ein. Dies hilft uns nicht im geringsten.

246

If our foundation is solid, then no matter how high we raise the superstructure, danger can never threaten us. For peace is below, peace is above, peace is within, peace is without.

Wenn wir ein festes Fundament haben, kann uns keine Gefahr drohen, ganz gleich wie hoch wir den Oberbau errichten. Denn Frieden ist unten, Frieden ist oben, Frieden ist innen, Frieden ist außen.

247

You have to start from where you are standing and one day you will reach your goal. If you feel that it is too difficult, then it will always remain impossible.

Du musst dort beginnen, wo du stehst, dann wirst du eines Tages dein Ziel erreichen. Wenn du glaubst, es sei zu schwierig, wird es für immer unmöglich bleiben

248

Your worry is not a divine force.

Deine Sorgen sind keine göttliche Kraft.

249

The Master is more responsible for each disciple than the disciple himself.

Der Meister ist für jeden Schüler mehr verantwortlich als der Schüler selbst.

250

In the field of Yoga we can never pretend. Our aspiration must ring true. Our whole life must ring true. Nothing is impossible for an ardent aspirant. A higher Power guides his steps. God's adamantine Will is his safest protection. No matter how long or how many times he blunders, he has every right to come back to his own spiritual home.

Auf dem Gebiet des Yogas können wir niemals etwas vortäuschen. Unser inneres Streben muss glaubhaft sein. Unser ganzes Leben muss glaubhaft sein. Für einen brennenden Sucher ist nichts unmöglich. Eine höhere Macht führt seine Schritte. Gottes unbeugsamer Wille ist sein sicherster Schutz. Ganz gleich wie viele Male und wie lange er dumme Fehler macht, er hat jedes Recht, in sein eigenes spirituelles Heim zurückzukehren.

251

Surrender and wholeheartedness play together, eat together and sleep together. Theirs is the crown of victory. Calculation and doubt play together, eat together and sleep together.

Theirs is the fate that is doomed to disappointment, destined to failure.

Selbsthingabe und Ernsthaftigkeit spielen zusammen, essen zusammen und schlafen zusammen. Ihnen gehört die Siegeskrone. Berechnung und Zweifel spielen zusammen, essen zusammen und schlafen zusammen. Ihnen gehört das Schicksal, das zur Enttäuschung verdammt ist, das zum Fehlschlag bestimmt ist.

252

Every action of ours should be to please God and not to gain applause.

Jede unserer Handlungen sollte zum Ziel haben, Gott zu erfreuen, und nicht, Applaus zu ernten.

253

We are our own Fate-makers. To blame others for the unfavourable conditions of our lives is beneath our dignity.

Wir sind die Schöpfer unseres eigenen Schicksals. Andere für die ungünstigen Umstände unseres Lebens verantwortlich zu machen, ist unter unserer Würde.

254

Each human being must have the spirit of a divine hero. If he is left alone in the thickest forest, he must have the inner strength to meditate without fear. If he is asked to meditate in Times Square amid crowds of people, he must have the inner strength to meditate without being disturbed in the least. Whether alone or with others, the aspirant must dwell in his meditation unshaken and unafraid.

Jeder Mensch muss die Entschlossenheit eines göttlichen Helden haben. Wenn er allein im dichtesten Wald zurückgelassen wird, muss er die innere Stärke besitzen,

furchtlos zu meditieren. Wenn man ihn auffordert, auf
dem Times Square inmitten von Menschenmassen zu
meditieren, muss er die innere Stärke besitzen, dort zu
meditieren, ohne sich im Geringsten stören zu lassen.
Ob alleine oder mit anderen, der Strebende muss in
seiner Meditation unerschütterlich und furchtlos verweilen.

255 *In the spiritual life, many seekers waste time in insecurity-*
battles, jealousy-battles, impurity-battles, inferiority-battles
and superiority-battles.

Im spirituellen Leben verschwenden viele Sucher ihre
Zeit mit Unsicherheits-Kämpfen, Eifersuchts-Kämpfen,
Un-reinheits-Kämpfen, sowie Unterlegenheits-Kämpfen
und Überlegenheits-Kämpfen.

256 *To fulfil the Master, him to manifest; this is the only*
meaning, the only purpose, the only significance of the
disciple's life.

Den Meister zu erfüllen, ihn zu manifestieren, ist der
einzige Sinn, der einzige Zweck, das einzig Bedeutungs-
volle im Leben eines Schülers.

257 *The teacher recognises you, but he cannot tell you, "You*
are my student", for you will misunderstand.

Der Lehrer erkennt dich, doch er kann dir nicht sagen:
„Du bist mein Schüler", denn du würdest ihn missver-
stehen.

258 *The goal is one, but the paths are many.*
Es gibt ein Ziel, aber viele Wege.

259

Unfortunately, we come to feel that spirituality is abnormal because we see so few spiritual people in this world of ignorance.

Leider beginnen wir zu glauben, dass Spiritualität abnormal sei, weil wir so wenige spirituelle Menschen in dieser Welt der Unwissenheit sehen.

260

"I shall control my senses and conquer my passions." This approach is of no avail. What we must do is fix our mind on God.

"Ich werde meine Sinne beherrschen und meine Leidenschaften besiegen." Dieser Ansatz ist nutzlos. Was wir tun müssen, ist, unseren Verstand fest auf Gott zu richten.

261

To fix our body, mind and heart on the Divine is the right approach. The closer we are to the Light, the farther we are from darkness.

Unseren Körper, unseren Verstand und unser Herz fest auf das Göttliche auszurichten, ist der richtige Ansatz. Je näher wir dem Licht sind, desto weiter sind wir von der Dunkelheit entfernt.

262

The aim of life is to realise God. Realisation can never come to the individual who is inactive. We have to strive for realisation. We have to pay the price for it.

Das Ziel des Lebens ist es, Gott zu verwirklichen. Verwirklichung kann niemals zu einer untätigen Person kommen. Wir müssen nach der Verwirklichung streben. Wir müssen den Preis dafür bezahlen.

263

No work, no progress. Experience we must welcome, for we can learn nothing without experience. The experience may be either encouraging or discouraging.

Keine Arbeit, kein Fortschritt. Wir müssen die Erfahrung willkommen heißen, da wir ohne Erfahrung nichts lernen können. Die Erfahrung mag sowohl ermutigend als auch entmutigend sein.

264

A spiritual man is he who listens to the dictates of his soul, and whom fear cannot torture.

Ein spiritueller Mensch ist jemand, der auf die Gebote seiner Seele hört und der nicht von Angst gequält werden kann.

265

When the Master takes away the disciple's impurities, it does not mean that the disciple is cured of them. Tomorrow again the disciple will come back with the same impure thoughts and undivine ideas, because he is not conquering these unlit qualities within himself.

Wenn der Meister die Unreinheiten des Schülers wegnimmt, bedeutet das nicht, dass der Schüler davon geheilt ist. Morgen wird der Schüler wieder mit den gleichen unreinen Gedanken und ungöttlichen Ideen zurückkommen, weil er diese unerleuchteten Eigenschaften nicht in sich selbst überwindet.

266

When you give your problems to your Master, you should not feel that you are overburdening him with a heavy load. The Master is ready to accept your ignorance.

Wenn du deine Probleme deinem Meister übergibst, solltest du nicht fühlen, dass du ihn mit einer schweren

Bürde belastest. Der Meister ist bereit, deine Unwissenheit anzunehmen.

267

God has no plan. Neither does He need one.

Gott hat keinen Plan, noch braucht Er einen.

268

To build for man a world without fear, we must be without fear. To build a world of justice, we must be just.

Um für den Menschen eine Welt ohne Furcht zu errichten, müssen wir furchtlos sein. Um eine gerechte Welt zu errichten, müssen wir gerecht sein.

269

The tree needs branches, the branches need the tree.

Der Baum braucht die Äste, die Äste brauchen den Baum.

270

Be happy when you offer your good actions to God. Be equally happy when you offer your bad actions to God.

Sei glücklich, wenn du deine guten Handlungen Gott anerbietest. Sei genauso glücklich, wenn du deine schlechten Taten Gott anerbietest.

271

I am at once a fool and a rogue when I blame others for my own misdeeds.

Ich bin Dummkopf und Halunke zugleich, wenn ich anderen die Schuld für meine eigenen Missetaten gebe.

272

When you reach the Goal, you have to become the Goal. This is contemplation.

Wenn du das Ziel erreichst, musst du zum Ziel werden. Das ist Kontemplation.

273

The Masters have realised the Truth, and they have the capacity to offer the Truth, provided the seeker is willing to receive it the way the Master wants to offer it.

Die Meister haben die Wahrheit verwirklicht, und sie haben die Fähigkeit, die Wahrheit anzubieten, vorausgesetzt der Sucher ist bereit, sie so anzunehmen wie der Meister sie anbieten möchte.

274

People who have been meditating for some time are not in a position to teach you, but they are in a position to inspire you.

Menschen, die eine gewisse Zeit lang meditiert haben, sind nicht in der Lage, dich zu lehren, doch sie sind in der Lage, dich zu inspirieren.

275

When you meditate, you have to be absolutely dynamic. Do not allow sleepiness to enter into you. Feel that you are entering into the battlefield where you have to fight against ignorance, doubt, imperfection and death.

Wenn du meditierst, musst du absolut dynamisch sein. Lass nicht zu, dass Schläfrigkeit in dich eindringt. Fühle, dass du das Schlachtfeld betrittst, wo du gegen Unwissenheit, Zweifel, Unvollkommenheit und Tod kämpfst.

276

If somebody has done a terrible thing, can you change his nature by scolding him, by insulting him, by punishing him? Impossible!

Wenn jemand etwas Schreckliches getan hat, kannst du seine Natur ändern, indem du ihn beschimpfst, indem du ihn beleidigst, indem du ihn bestrafst? Unmöglich!

277 *When you go within, you will see that you have done many, many things worse, infinitely worse than that person whom you have scolded and insulted has done.*

Wenn du nach innen gehst, wirst du sehen, dass du viele, viele schlimmere, unendlich viel schlimmere Dinge getan hast als derjenige, den du beschimpft und beleidigt hast.

278 *If you do not begin immediately, you will never begin and your nature's transformation will never take place.*

Wenn du nicht sofort beginnst, wirst du nie beginnen, und die Umwandlung deiner Natur wird niemals stattfinden.

279 *Whenever you are aware of any wrong movement within you, please begin immediately to fight against it like a divine hero.*

Wann immer du dir einer falschen Regung in dir bewusst bist, beginne bitte sofort, wie ein göttlicher Held dagegen anzukämpfen.

280 *If we remain in the outer life, we only try to grab and possess everything, even what belongs to others.*

Wenn wir im äußeren Leben verbleiben, versuchen wir nur alles zu ergreifen und zu besitzen, selbst das, was anderen gehört.

281 *We have to feel grateful that we have become His chosen instruments when He could just as well have chosen others.*

Wir müssen uns dankbar fühlen, dass wir Seine auserwählten Instrumente geworden sind, denn Er hätte ebenso gut andere auserwählen können.

282

*Never trust lethargy. It always tells us: just a few moments.
Alas, those few more moments have an everlasting life.*

Traue niemals der Lethargie. Sie sagt uns immer: nur noch einen kurzen Moment. Doch ach, diese kurzen Momente haben ein immerwährendes Leben.

283

*It is always easy to brave ignorance from a safe distance.
It is always easy to adore man from a safe distance. It is
always easy to deny Truth from a safe distance. It is always
easy to doubt God from a safe distance.*

Es ist immer leicht, der Unwissenheit aus einer sicheren Entfernung die Stirn zu bieten. Es ist immer leicht, den Menschen aus einer sicheren Entfernung zu bewundern. Es ist immer leicht, die Wahrheit aus einer sicheren Entfernung zu leugnen. Es ist immer leicht, Gott aus einer sicheren Entfernung anzuzweifeln.

284

*The role of the Kali Yuga will sooner or later be over. The
Golden Days will unmistakably dawn.*

Die Rolle des Kali Yugas wird früher oder später beendet sein. Die goldenen Tage werden unweigerlich anbrechen.

285

A hero fights; a thief escapes.

Ein Held kämpft; ein Dieb flieht.

286

*Yoga transcends both philosophy and religion; at the same
time, it houses religion and philosophy.*

Yoga transzendiert sowohl Philosophie als auch Religion, während er zur gleichen Zeit Religion und Philosophie in sich birgt.

287

You on your part do not have to work as hard as you would have done without a Guru.

Du für deinen Teil musst nicht so hart arbeiten, wie du es ohne einen Guru hättest tun müssen.

288

If you stick to the spiritual path then the divine purity is bound to dawn on your inner life and outer life in the course of time.

Wenn du dem spirituellen Weg treu bleibst, wird im Laufe der Zeit die göttliche Reinheit in deinem inneren Leben und in deinem äußeren Leben erwachen.

289

Disobedience, I am not the person to argue with you. I am the person to command you!

Ungehorsam, ich bin niemand, der sich mit dir streitet. Ich bin jemand, der dir befiehlt!

290

Mine is the heart to challenge at every moment my life's limits.

Mein ist das Herz, das in jedem Augenblick die Begrenzungen des Lebens herausfordert.

291

In order to have peace of mind I must feel that I am not indispensable at all.

Um inneren Frieden zu haben, muss ich fühlen, dass ich nicht unersetzlich bin.

292

Though I do not know where this next step leads, I do know an unseen hand will guide me blessingfully to my destination.

Obwohl ich nicht weiß, wohin mich dieser nächste Schritt führt, weiß ich, dass mich eine unsichtbare Hand segensvoll zu meinem Ziel führen wird.

293
I must put God's Name always before my fame.

Ich muss Gottes Namen immer vor meinen Ruhm stellen.

294
You cannot live on yesterday's food.

Du kannst nicht von dem gestrigen Essen leben.

295
You have to spend quite a few hours in the highest form of meditation if your goal is to realise the Highest.

Du musst einige Stunden in der höchsten Form der Meditation verbringen, wenn es dein Ziel ist, das Höchste zu verwirklichen.

296
Feel that tremendous cosmic energy is entering into you with each breath, and that you are going to use it to purify yourself.

Fühle, dass mit jedem Atemzug gewaltige kosmische Energie in dich eintritt und du sie dazu benutzten wirst, dich zu reinigen.

297
Right now we are in the finite and we are for the finite. We find it very difficult to imagine the Infinite as our very own.

Im Augenblick sind wir im Endlichen und für das Endliche. Es fällt uns sehr schwer, uns das Unendliche als unser eigen vorzustellen.

298

If you are undaunted by earthly defeats, your Heavenly victories will before long dawn.

Wenn du dich von weltlichen Niederlagen nicht entmutigen lässt, werden deine himmlischen Siege in nicht allzu ferner Zukunft dämmern.

299

When I get up early in the morning, my God most affectionately says to me: "My child, I shall do everything for you." When I get up late in the morning, my God says to me: "My child, you be the doer and the enjoyer as well."

Wenn ich früh am Morgen aufstehe, sagt Gott voller Zuneigung zu mir: „Mein Kind, Ich werde alles für dich tun." Wenn ich spät am Morgen aufstehe, sagt Gott zu mir: „Mein Kind, sei du der Handelnde und der sich daran Erfreuende zugleich."

300

God does not want to fulfil your desire-life. Instead He wants you to enter into the aspiration-life, your real life, your only life.

Gott will nicht dein Wunsch-Leben erfüllen. Statt dessen möchte Er, dass du in das Strebsamkeits-Leben eintrittst, dein wirkliches Leben, dein einziges Leben.

300

301

When you go out, be sure God the Compassion goes with you. And also be sure to be a perfect instrument of God the Satisfaction on the way.

Wenn du hinausgehst, achte darauf, dass Gott das Mitleid mit dir geht. Achte ebenfalls darauf, dass du unterwegs ein vollkommenes Instrument Gottes, der Zufriedenheit, bist.

302

Father, I will be Thy faithful companion, loving and sincere, throughout Eternity. Shape me and make me worthy of my part in Thy Cosmic Play and Thy Divine Mission.

Vater, ich werde Dein treuer Begleiter sein, liebend und aufrichtig, für alle Ewigkeit. Forme mich und mache mich meiner Rolle in Deinem Kosmischen Spiel und Deiner Göttlichen Mission würdig.

303

Although we live in different houses, if we both want to learn a certain subject, which is God-realisation, we will both go to the same school. When we pray to God and meditate on God, we go to our inner school, and in order to go there we may or we may not walk along the same road. But both of us leave aside the limitations of our respective houses when we go to study in our inner school. Irrespective of religion one can practise spirituality.

Obgleich wir in verschiedenen Häusern leben, werden wir beide zur selben Schule gehen, wenn wir ein bestimmtes Fach lernen wollen, nämlich Gott-Verwirklichung. Wenn wir zu Gott beten und auf Gott meditieren, gehen wir in unsere innere Schule. Und um dort hin zu gelangen, können wir auf der gleichen Straße gehen oder auch nicht. Wenn wir zum Lernen zu unserer inneren Schule gehen, lassen wir beide die Begrenzungen unserer jeweiligen Häuser hinter uns. Spiritualität können wir unabhängig von unserer Religion ausüben.

304

You have to concentrate only on one thing: the positive side of life, not the negative side of life.

Du musst dich nur auf eines konzentrieren: auf die positive Seite des Lebens und nicht auf die negative Seite.

305

Every thought of God, no matter how insignificant, is, indeed, a life-transforming prayer to God.

Jeder Gedanke an Gott, ganz gleich wie unbedeutend er auch sein mag, ist in der Tat ein Lebens-transformierendes Gebet zu Gott.

306

We have within us both the highest and the lowest. Right now, unfortunately, we are wallowing in the pleasures of ignorance. We have totally forgotten our own divinity, our highest Reality. But on the strength of our prayer and meditation, there comes a time when we realise the highest part that is within us, and we surrender to our own highest part.

Wir tragen in uns sowohl das Höchste wie auch das Niederste. Im Augenblick schwelgen wir leider in den Vergnügungen der Unwissenheit. Wir haben unsere eigene Göttlichkeit, unsere höchste Wirklichkeit, völlig vergessen. Doch dank unserer Gebete und Meditationen wird die Zeit kommen, da wir den höchsten Teil in uns verwirklichen und uns unserem höchsten Teil hingeben werden.

307

O seeker, be careful! At any moment your spiritual life may be destroyed by a violent emotion-explosion. Always pray to God for protection!

O Sucher, sei vorsichtig! Dein spirituelles Leben kann jeden Augenblick durch eine heftige Emotions-Explosion zerstört werden. Bete immer zu Gott um Schutz.

308 *My mind is made of a thousand promises. My heart is made of one single deed: sleepless love of God.*

Mein Verstand besteht aus tausend Versprechen. Mein Herz besteht aus einer einigen Tat: schlaflose Liebe zu Gott.

309 *Our greatest protection lies in our soul's communion with the all-nourishing and all-fulfilling Peace.*

Unser größter Schutz liegt in der Verbundenheit unserer Seele mit dem all-nährenden und all-erfüllenden Frieden.

310 *The inner life is the seed, and the outer life is the plant. If we sow the seed, then only will it germinate and grow into a plant. So before we go to work, before we enter into the hustle and bustle of the world, we should pray and meditate for a few minutes in order to inundate our inner life with peace, light and bliss.*

Das innere Leben ist der Samen, und das äußere Leben ist die Pflanze. Nur wenn wir den Samen säen, kann er keimen und zu einer Pflanze heranwachsen. Bevor wir zur Arbeit gehen, bevor wir in die Geschäftigkeit der Welt eintreten, sollten wir daher ein paar Minuten lang meditieren, um unser inneres Leben mit Frieden, Licht und Glückseligkeit zu überfluten.

311 *Concentrate on the reality that creates, not the reality that destroys. You have to feel the necessity of running towards your Goal as swiftly as possible. You can reach the Goal* *by walking and again by flying. It is you who have to make the decision.*

Konzentriere dich auf die Wirklichkeit, die erschafft, und nicht auf die Wirklichkeit, die zerstört. Du musst die Notwendigkeit verspüren, deinem Ziel so schnell wie möglich entgegen zu laufen. Du kannst das Ziel erreichen, indem du gehst, aber auch, indem du fliegst. Die Entscheidung liegt bei dir.

312 *A child is beautiful, a flower is beautiful, a flame is beautiful.*

Ein Kind ist schön, eine Blume ist schön, eine Flamme ist schön.

313 *The seeker has to know that, in spite of making repeated mistakes, there is a way to reach his Destination.*

Der Sucher muss wissen, dass es trotz seiner wiederholten Fehler einen Weg gibt, sein Ziel zu erreichen.

314 *I will do everything that You want me to do, and I do not expect anything from You, no smile, no love, no concern, nothing. Only I want to please You in Your own Way, unconditionally and cheerfully. That is my goal.*

Ich werde alles tun, was Du von mir möchtest, und ich erwarte nichts von Dir – kein Lächeln, keine Liebe, keine Anteilnahme, nichts. Ich möchte Dich nur auf Deine eigene Weise zufriedenstellen – bedingungslos und freudig. Das ist mein Ziel.

315 *What is human pride? Human pride is something that can not see itself in wrong action.*

Was ist menschlicher Stolz? Menschlicher Stolz ist etwas, das bei sich keine falsche Tat erkennt.

316

Each seeker must have the courage not only to accept God and fulfil God, but also to defend God.

Jeder Sucher muss nicht nur den Mut haben, Gott anzunehmen und Gott zu erfüllen, sondern auch, Gott zu verteidigen.

317

Stress-free spiritual life is not only possible but inevitable.

Ein stressfreies spirituelles Leben ist nicht nur möglich sondern unvermeidbar.

318

Do you want to make real progress in your spiritual life? Then stop feeling guilty here and now!

Willst du in deinem spirituellen Leben wirklichen Fortschritt machen? Dann höre hier und jetzt auf, dich schuldig zu fühlen.

319

Make your heart full; then start giving, and not before.

Fülle dein Herz erst, dann beginne zu geben und nicht eher.

320

In matters of spirituality, if we can convince ourselves, it is enough. We do not have to convince others.

Wenn wir uns in spirituellen Dingen selbst überzeugen können, genügt das. Wir brauchen andere nicht zu überzeugen.

321

When God asks you to try, you must realise that not only does He know what He is talking about, but He also knows that you do have the capacity.

Wenn Gott dich bittet, etwas zu versuchen, musst du erkennen, dass Er nicht nur weiß, wovon Er redet, sondern auch weiß, dass du die Fähigkeit dazu besitzt.

322 *O seeker, ignorance never falls asleep. Therefore, do not think of working for God when ignorance is asleep.*

O Sucher, die Unwissenheit geht niemals schlafen. Denke deshalb nicht daran, für Gott zu arbeiten, wenn die Unwissenheit schläft.

323 *He who thrives on challenges can accomplish extraordinary things in life.*

Derjenige, der durch Herausforderungen aufblüht, kann außergewöhnliche Dinge im Leben erreichen.

324 *Whenever we work, we can and should feel that we are working for God.*

Wann immer wir arbeiten, können und sollten wir fühlen, dass wir für Gott arbeiten.

325 *What is humility, if not our soul's nobility revealed in and through our lives?*

Was anders ist Demut als die edle Gesinnung unserer Seele, die sich in und durch unser Leben offenbart?

326 *O seeker do not lose courage! Do not lose hope! The saints of today were not saints yesterday.*

O Sucher, verliere nicht den Mut! Verliere nicht die Hoffnung! Die Heiligen von heute waren gestern keine Heiligen.

327

The dictionary of a hero supreme will never house the world "Impossibility".

Das Wörterbuch eines göttlichen Helden wird niemals das Wort „Unmöglichkeit" enthalten.

328

Every day God tells me that my inner peace and my inner freedom do not depend on my outer circumstances.

Gott sagt mir jeden Tag, dass mein innerer Friede und meine äußere Freiheit nicht von äußeren Umständen abhängen.

329

Inside everything there is good.

In allem ist Gutes.

330

Every day it is becoming clearer to me that disobedience is the root, destruction is the tree.

Jeden Tag wird es mir klarer, dass Ungehorsam die Wurzel und Zerstörung der Baum ist.

331

We shall ask ourselves whether we accomplish anything by doubting others.

Wir sollten uns fragen, ob wir irgendetwas erreichen, indem wir andere in Frage stellen.

332

In the spiritual life, we have to see others with the heart of a lover and not with the eye of a critic.

Im spirituellen Leben müssen wir andere mit dem Herzen eines Liebenden und nicht mit dem Auge eines Kritikers betrachten.

333 *Each time you look at an individual, if you can become consciously aware of God's existence in him, then you cannot consciously be disturbed by his imperfections or limitations.*

Jedes Mal, wenn du jemanden anschaust und es dir gelingt, bewusst Gottes Existenz in ihm wahrzunehmen, kannst du von seinen Unvollkommenheiten oder Begrenzungen nicht bewusst gestört werden.

334 *Avatar means the direct representative of God – God in human form.*

Avatar bedeutet der direkte Stellvertreter Gottes – Gott in menschlicher Gestalt.

335 *The time that we are offering to sleep, we are unable to offer to God.*

Die Zeit, die wir dem Schlaf schenken, können wir nicht Gott schenken.

336 *Delay not. If you delay, you will miss the Goal. He who waits cannot succeed. The race is for the swift. He who waits cannot succeed.*

Schiebe nichts auf. Wenn du aufschiebst, wirst du das Ziel verpassen. Derjenige, der wartet, kann nicht erfolgreich sein. Das Rennen ist für die Schnellen. Derjenige, der wartet, kann nicht erfolgreich sein.

337 *No compromise! We have to win.*

Kein Kompromiss! Wir müssen gewinnen.

338

The spiritual life is not for the chosen few; it is for all. Some may walk slowly while others may jog. Still others may run fast or even sprint. But we all shall reach the same Destination at God's choice Hour, provided we do not stop for good on the way or, what is worse, make a complete turn-around and want to go back to our old life, which is nothing short of an undivine, unaspiring, animal life.

Das spirituelle Leben ist nicht für ein paar Auserwählte, es ist für alle. Einige mögen langsam gehen, während andere joggen. Andere wiederum mögen rennen oder sogar sprinten. Doch zu Gottes auserwählter Stunde werden wir alle dasselbe Ziel erreichen, vorausgesetzt, dass wir auf unserem Weg nicht dauerhaft stehen bleiben oder, was noch schlimmer ist, eine vollständige Kehrtwendung machen und zu unserem alten Leben zurückkehren, das nichts anderes ist als ein ungöttliches, unstrebsames, tierisches Leben.

339

For spiritual seekers He is always inside their hearts. For ordinary people, even if He comes and stands in front of them, still they will doubt Him and suspect Him.

Für spirituelle Sucher ist Er immer in ihrem Herzen. Doch gewöhnliche Menschen werden Ihn anzweifeln und Ihm misstrauen, selbst wenn Er unmittelbar vor ihnen steht.

340

No one can become an expert all at once. Everyone needs practice.

Niemand kann von heute auf morgen ein Experte werden. Jeder braucht Übung.

341

In the spiritual life, the more we think of our negative qualities, the more they lord it over us and the more we are caught by them.

Je mehr wir im spirituellen Leben an unsere negativen Eigenschaften denken, desto mehr beherrschen sie uns und desto mehr werden wir von ihnen gefangen.

342

If you do not want to conquer something, then you are fast asleep and the problem is fast asleep. But now that you have entered into the spiritual life, you are challenging all your problems. Since you are challenging the problems, the hostile forces stand with the problems. They feed the problems so that they can continue to fight. But these forces know that they will not be able to conquer you. Only they will try to delay, delay. So you have to challenge them.

Solange du etwas nicht überwinden willst, schläfst du fest und das Problem schläft fest. Doch jetzt, wo du nun in das spirituelle Leben eingetreten bist, forderst du all deine Probleme heraus. Weil du deine Probleme herausforderst, stellen sich die negativen Kräfte auf der Seite der Probleme. Sie nähren die Probleme, damit sie weiterhin kämpfen können. Doch diese Kräfte wissen, dass sie dich nicht besiegen können. Aber sie werden versuchen dich aufzuhalten und aufzuhalten. Deshalb musst du sie herausfordern.

343

Our Lord Supreme feels sad and not mad when I want to change the world untimely, plus in my own way.

Mein höchster Herr ist traurig, aber nicht böse, wenn ich versuche, die Welt zu früh zu ändern, und dazu noch auf meine eigene Weise.

344

You will try to avoid problems, and problems will come to you with more power. Most vehemently they will come and attack you. So you cannot hide from your problems. You have to conquer them here and now.

Du versuchst, Probleme zu vermeiden, doch die Probleme kommen mit verstärkter Kraft zu dir. Sie kommen mit voller Kraft zu dir und greifen dich an. Deshalb kannst du dich nicht vor deinen Problemen verstecken. Du musst sie hier und jetzt überwinden.

345

I do not follow any specific religion. My religion is to love God and to become a humble instrument of God.

Ich folge keiner bestimmten Religion. Meine Religion besteht darin, Gott zu lieben und ein demütiges Instrument Gottes zu werden.

346

No sincere attempt ends in vain.

Kein aufrichtiger Versuch endet vergebens.

347

Wherever you go, go with inspiration and aspiration. Whatever you do, do with love and concern. Whomever you see, see with purity's beauty and responsibility's glory.

Wohin du auch gehst, gehe mit Inspiration und innerem Streben. Was immer du tust, tue es mit Liebe und Anteilnahme. Wen immer du siehst, sehe ihn mit der Schönheit der Reinheit und dem Glanz der Verantwortung.

348

Remain cheerful, for nothing destructive can pierce through the solid wall of cheerfulness.

Bleibe fröhlich, denn nichts Destruktives kann die feste Wand der Fröhlichkeit durchdringen.

349

We are not conscious of the fact that jealousy can ruin all our possibilities and destroy all our inner potentialities.

Wir sind uns nicht bewusst, dass Eifersucht all unsere Möglichkeiten ruinieren und all unsere inneren Fähigkeiten zerstören kann.

350

We have to know how hard we are trying to realise the Highest, how many minutes of our daily life we are consecrating to the Supreme in us, how hard we are struggling to see the light within us and others.

Wir müssen wissen, wie sehr wir uns darum bemühen, das Höchste zu verwirklichen, wie viele Minuten unseres täglichen Lebens wir dem Supreme in uns widmen, und wie hart wir darum kämpfen, das Licht in uns und in anderen zu sehen.

351

God's Obedience-Rules are not for the punishment of our life, but for the enlightenment of our entire being.

Gottes Gehorsams-Regeln sind nicht dazu da, unser Leben zu bestrafen, sondern um unser gesamtes Wesen zu erleuchten.

352

Do not cherish your failure-life. That is the task of your enemies. Do not cherish your victory-life. That is the task of your Lord Beloved Supreme.

Hänge nicht an deinem Fehlschlags-Leben. Das ist die Aufgabe deiner Feinde. Hänge nicht an deinem Sieges-Leben. Das ist die Aufgabe deines Geliebten Höchsten Herrn.

353 *Before you start meditating, say four things: "Fear get out of my life! Doubt, get out of my life! Jealousy, get out of my life! Insecurity, get out of my life! I do not need you and I will never need you!"*

Sage vier Dinge, bevor du mit der Meditation beginnst: „Angst, verschwinde aus meinem Leben! Zweifel, verschwinde aus meinem Leben! Eifersucht, verschwinde aus meinem Leben! Unsicherheit, verschwinde aus meinem Leben! Ich brauche euch nicht und ich werde euch niemals brauchen!"

354 *Pride separates, humility unites.*

Stolz trennt, Demut vereint.

355 *Fear is a real enemy. What does it do? It buys our coffin long before we are destined to die.*

Furcht ist unser wirklicher Feind. Was macht sie? Sie kauft unseren Sarg lange bevor es für uns Zeit ist zu sterben.

356 *Yes I can! I certainly can!! I can succeed where nobody else has dared to try.*

Ja ich kann! Ich kann ganz sicher!! Ich kann erfolgreich sein, wo niemand sonst den Versuch gewagt hat.

357 *Compromise is a very poor solution.*

Kompromisse sind eine armselige Lösung.

358 *Like the sun, I shall rise and serve the world with no expectation.*

Wie die Sonne, werde ich mich erheben und der Welt
ohne Erwartungen dienen.

359
I must bring my aspiration-fire back into my life.

Ich muss mein Strebsamkeits-Feuer wieder neu zum
Leben erwecken.

360
An outer smile carries today's earthly dawn to Heaven.
An inner smile carries tomorrow's Heavenly sun to earth.

Ein äußeres Lächeln trägt die irdische Morgenröte von
heute zum Himmel hinauf. Ein inneres Lächeln trägt
die himmlische Sonne von morgen zur Erde herab.

361
Although at every moment we are growing in Delight,
we do not see or feel Delight right now because we are
living the surface life in the meshes of ignorance.

Obgleich wir in jedem Augenblick in Glückseligkeit
wachsen, fühlen und sehen wir Glückseligkeit gegenwärtig nicht, weil wir ein oberflächliches Leben in den
Fängen der Unwissenheit führen.

362
The acceptance of responsibility is not the acceptance of a
burden but the multiplication of opportunity.

Das Übernahme von Verantwortung ist nicht die Übernahme einer Last, sondern die Vervielfältigung von Gelegenheit.

363
A life without goals is a helpless passenger in a sinking
boat without a boatman.

Ein Leben ohne Ziele ist ein hilfloser Passagier in einem
sinkenden Schiff ohne Bootsführer.

364

Defeat can be a reality which is secretly preparing us to run the fastest. When undivine thoughts fill our mind, we have to know that they are like passing clouds which will soon disappear.

Eine Niederlage kann eine Wirklichkeit sein, die uns heimlich darauf vorbereitet, mit höchster Geschwindigkeit zu laufen. Wenn ungöttliche Gedanken unseren Verstand füllen, müssen wir uns bewusst sein, dass sie wie vorbeiziehende Wolken sind, die bald verschwinden werden.

365

Imagine the whole world could recognise that it is God's Creation.

Stell dir vor, die ganze Welt könnte erkennen, dass sie Gottes Schöpfung ist.

366

Be wise, buy peace, today buy. Tomorrow the price will go high.

Sei weise, kaufe Frieden, kaufe ihn heute. Morgen wird der Preis in die Höhe schnellen.

367

A beggar cannot demand.

Ein Bettler kann nichts fordern.

368

Imagine peace here and now.

Stell dir Frieden hier und jetzt vor.

369

After working, if you can gladly accept the result in the form of success or failure, then satisfaction is bound to dawn. But if you do not work at all just because you are

*afraid that you will fail, then you will get zero; you will
not pass the inner examination.*

Wenn du das Ergebnis deiner Bemühungen in Form
von Erfolg oder Misserfolg freudig annehmen kannst,
dann wird sich Zufriedenheit unweigerlich einstellen.
Doch wenn du dich aus Angst vor Misserfolg gar nicht
erst bemühst, wirst du null Punkte erhalten; dann wirst
du deine innere Prüfung nicht bestehen.

370 *I can leave my windows and doors open and again I can
keep all my doors and windows shut. If I allow the sunlight to enter into my room, then my room will be illumined.*

Ich kann meine Fenster und Türen offen lassen, doch
ich kann auch all meine Fenster und Türen geschlossen
halten. Wenn ich das Sonnenlicht in mein Zimmer
scheinen lasse, wird mein Zimmer von Licht durchflutet
werden.

371 *How do I know that I shall have a better opportunity
tomorrow to pray to God and to meditate on God?*

Wie kann ich wissen, ob ich morgen eine bessere
Gelegenheit haben werde, um zu Gott zu beten und auf
Gott zu meditieren?

372 *The Supreme has made you the chosen instrument to
illumine and increase the aspiration of hundreds and
thousands of people.*

Der Supreme hat dich zum auserwählten Instrument
gemacht, um hunderte und tausende von Menschen zu
erleuchten und ihr inneres Streben zu vergrößern.

373

First you have to make yourself very strong, very powerful inwardly, and only then can you try to help others.

Zuerst musst du dich innerlich sehr stark und kraftvoll machen, und nur dann kannst du versuchen, anderen zu helfen.

374

There can be only one choice; there cannot be two choices in the spiritual life.

Es kann nur eine Wahl geben; im spirituellen Leben kann man nicht zwei Dinge wählen.

375

I shall always live in the soul, with the soul and for the soul.

Ich werde immer in der Seele, mit der Seele und für die Seele leben.

376

The Supreme has brought me into the world for a purpose, and my mission will never, never, never fail.

Der Supreme hat mich für ein Ziel in die Welt gebracht, und meine Mission wird niemals, niemals, niemals fehlschlagen.

377

When my soul is in Heaven, it whispers a prayer for compassion. When my soul is on earth, it whispers a prayer for peace. When my soul is with God, it whispers a prayer for God-satisfaction.

Wenn meine Seele im Himmel weilt, betet sie leise um Mitleid. Wenn meine Seele auf Erden weilt, betet sie leise um Frieden. Wenn meine Seele bei Gott weilt, betet sie leise um Gotterfüllung.

378 *When we fall asleep during our meditation, it is a kind of unconscious destruction of our own inner divinity. But when we feel that we are a river of dynamic energy and light flowing towards our goal, then we cannot be attacked by lethargy or sleep.*

Wenn wir während unserer Meditation einschlafen, ist dies eine Art unbewusster Zerstörung unserer eigenen inneren Göttlichkeit. Wenn wir jedoch fühlen, dass wir ein Fluss voll dynamischer Energie und voll dynamischen Lichts sind, der unserem Ziel entgegen fließt, dann können wir von Lethargie und Schlaf nicht angegriffen werden.

379 *When we can feel that we are the instruments and He is the Doer then we will not worry about our destiny.*

Wenn wir fühlen können, dass wir das Instrument sind und Er der Handelnde ist, dann werden wir uns über unser Schicksal keine Sorgen machen.

380 *If you want to be satisfied with only an iota of Peace, Light and Bliss then you cannot go deeper; you cannot go higher. Always, when you meditate, try to bring into your being boundless Peace, Light and Bliss or throw yourself into something infinite, something vast. These qualities will act like a springboard. If you press hard on the springboard, then you jump higher.*

Wenn du mit nur einem Funken Frieden, Licht und Glückseligkeit zufrieden sein willst, dann kannst du nicht tiefer oder höher gehen. Wenn du meditierst, versuche immer grenzenlosen Frieden, grenzenloses Licht und grenzenlose Glückseligkeit in dein Wesen zu bringen, oder versuche, dich in etwas Unendliches, etwas

Weites zu werfen. Diese Eigenschaften sind wie ein Sprungbrett. Wenn du fest auf das Sprungbrett trittst, springst du höher.

381 *Impurity is demon's food. What is impurity? Impurity is constant self-indulgence.*

Unreinheit ist die Nahrung der Dämonen. Was ist Unreinheit? Unreinheit ist ständige Selbstnachgiebigkeit.

382 *Be fearless. Ignorance-tiger will immediately disappear.*

Sei furchtlos. Der Unwissenheits-Tiger wird sofort verschwinden.

383 *If a disciple does not have sincerity, purity or regularity, then he cannot make good progress.*

Wenn ein Schüler keine Aufrichtigkeit, Reinheit oder Regelmäßigkeit besitzt, kann er keinen richtigen Fortschritt machen.

384 *Think less and meditate more, plan less and act more.*

Denke weniger und meditiere mehr, plane weniger und handle mehr.

385 *The potter is not afraid. He touches the clay and shapes it in his own way into something beautiful and useful.*

Der Töpfer hat keine Angst. Er berührt den Ton und formt ihn auf seine eigene Weise zu etwas Schönem und Nutzvollem.

386 *Feel that when you do not meditate, you are doing something unnatural, abnormal, unusual, because inside you is God and the effulgence of divine Light.*

Wenn du nicht meditierst, solltest du fühlen, dass du etwas Unnatürliches, Abnormales und Ungewöhnliches tust, denn in dir ist Gott und das Strahlen des göttlichen Lichtes.

387

Inner disobedience and outer unhappiness are always found together.

Innerer Ungehorsam und äußeres Unglücklichsein findet man immer zusammen.

388

Every moment is an open door to invite either aspiring and illumining thoughts or desiring and binding thoughts.

Jeder Augenblick ist eine offene Türe, um entweder strebsame und erleuchtende Gedanken einzuladen, oder begehrende und bindende Gedanken.

389

As ignorance does not want to let me go, even so I do not want to let God go from me.

Genau wie die Unwissenheit mich nicht gehen lassen will, so will ich Gott nicht von mir gehen lassen.

390

Remember what you were before you accepted the spiritual life.

Erinnere dich daran, was du warst, bevor du das spirituelle Leben angenommen hast.

391

We are indestructible; we can never be shaken; we are the very essence of life.

Wir sind unzerstörbar; wir können nicht erschüttert werden; wir sind die Essenz des Lebens.

392

If you think and feel that you are working extremely, extremely hard, just think of the Old Man upstairs in Heaven. Your embarrassment shall beggar description.

Wenn du denkst und fühlst, dass du wirklich außerordentlich hart arbeitest, dann denke einfach an den Alten Mann dort oben im Himmel. Deine Verlegenheit wird jeder Beschreibung entbehren.

393

Each time I soulfully pray, a new world unfolds itself, a new dimension fills me with astonishment and I discover startling truths.

Immer wenn ich seelenvoll bete, enthüllt sich eine neue Welt, eine neue Ebene des Seins erfüllt mich mit Erstaunen, und ich entdecke überraschende Wahrheiten.

394

In each century, God-realised souls can be counted on the fingertips.

In jedem Jahrhundert können Gott-verwirklichte Seelen an den Fingern abgezählt werden.

395

Wait for God's choice Hour. Do not pressure Him. Nothing good can ever come into existence, nothing good can ever be achieved by pressure.

Warte auf Gottes auserwählte Stunde. Setze Ihn nicht unter Druck. Durch Druck kann niemals etwas Gutes entstehen, kann niemals etwas Gutes errungen werden.

396

O seekers, have more faith in God and in yourselves. When your consciousness is low, He will definitely lift you up, wipe your tears and give you strength to smile once again.

O Sucher, habt mehr Vertrauen in Gott und in euch selbst. Wenn euer Bewusstsein niedrig ist, wird Er euch definitiv empor heben, eure Tränen trocknen und euch die Kraft geben, wieder zu lächeln.

397 *If I really want peace in my life, then I must not busy myself with what others do and say.*

Wenn ich in meinem Leben wirklich Frieden möchte, dann darf ich mich nicht damit beschäftigen, was andere tun und sagen.

398 *I must hold myself to the absolutely highest God-Satisfaction-standard.*

Ich muss mich am absolut höchsten Gott-Zufriedenheits-Standard orientieren.

399 *Our God-gratitude-road is absolutely safe, and it is never overcrowded.*

Unsere Gott-Dankbarkeits-Straße ist absolut sicher, und sie ist niemals überfüllt.

400 *Only if you live in your heart will your soul be able to offer you its divine messages.*

Nur wenn du im Herzen lebst, wird es deiner Seele möglich sein, dir ihre göttlichen Botschaften zu übermitteln.

400

401

A tiny progress-step is, indeed, a giant victory in the inner world.

Ein winziger Schritt des Fortschritts ist in der Tat ein gigantischer Sieg in der inneren Welt.

402

I am the son of the Infinite.

Ich bin der Sohn der Unendlichkeit.

403

Since everything has an end, I am sure my desire-life also will come to an end.

Da alles ein Ende hat, bin ich sicher, dass auch mein Begierde-Leben ein Ende nehmen wird.

404

Our God-hunger is the most precious blessing in our life.

Unser Gott-Hunger ist der wertvollste Segen in unserem Leben.

405

Just by ceaselessly repeating "I am of God and I am for God", I am marching fast, very fast towards my golden future.

Allein indem ich unablässig wiederhole: „Ich bin von Gott und ich bin für Gott", marschiere ich meiner goldenen Zukunft schnell, sehr schnell entgegen.

406

The outer advice is utterly useless. The inner prayer is absolutely fruitful.

Der äußere Ratschlag ist vollkommen nutzlos. Das innere Gebet ist absolut fruchtbar.

407

Never question God's Decision even once.

Stelle Gottes Entscheidung kein einziges Mal in Frage.

408

Our Lord Supreme whispers, "My sweet children, have faith, have faith, have faith! Ignorance-night comes only to go ".

Unser Höchster Herr flüstert: „Meine süßen Kinder, habt Vertrauen, habt Vertrauen, habt Vertrauen! Die Unwissenheits-Nacht kommt nur, um wieder zu gehen."

409

God measures and treasures not what I have said about Him, but what I have done for His Creation.

Gott bewertet und schätzt nicht, was ich über Ihn gesagt habe, sondern was ich für Seine Schöpfung getan habe.

410

We get six degrees or diplomas. The first diploma is the purification of our nature, the purification of our outer being. The second is salvation, salvation from the world of miseries and tribulations. The third is liberation from the snares of ignorance. The fourth is the realisation of our transcendental Self. The fifth is our revelation of the Absolute. The last and the highest degree is our manifestation of the Absolute Supreme.

Wir erhalten sechs Abschlüsse oder Diplome. Das erste Diplom ist die Reinigung unserer Natur, die Reini-gung unseres äußeren Wesens. Das zweite ist Erlösung, die Erlösung von der Welt des Elends und des Leids. Das dritte ist Befreiung aus den Schlingen der Unwissenheit. Das vierte ist die Verwirklichung unseres transzenden-talen Selbst. Das fünfte ist unsere Enthüllung des Abso-luten. Der letzte und höchste Abschluss ist unsere Mani-festation des Absoluten Supreme.

411

Each life has come directly from the Highest Absolute. We cannot squander life. We have to feel that each life has a serious meaning of its own.

Jedes Leben ist direkt vom Höchsten Absoluten gekommen. Wir können das Leben nicht vergeuden. Wir müssen fühlen, dass jedes Leben eine eigene tiefgründige Bedeutung hat.

412

Every second Divinity wants to come to the fore. But consciously or unconsciously, we are not allowing it to do so. But if we pray and meditate, Divinity gets ample chance to come forward.

Die Göttlichkeit möchte jede Sekunde zum Vorschein kommen. Doch bewusst oder unbewusst erlauben wir ihr es nicht. Doch wenn wir beten und meditieren erhält die Göttlichkeit genügend Möglichkeiten, zum Vorschein zu kommen.

413

Alas, it is always too late when our disobedience takes God seriously.

Ach, es ist immer zu spät, wenn unser Ungehorsam Gott ernst nimmt.

414

At every moment I must be fully awake and not half-awake in my aspiration-life.

In meinem Strebsamkeits-Leben muss ich jeden Augenblick ganz wach sein und nicht halb wach.

415

When there is a feeling of supremacy, you can forget about harmony.

Wenn ein Gefühl der Überlegenheit herrscht, kann man die Harmonie vergessen.

416

To climb up the mango tree is realisation. To climb down again with the mangoes and distribute them to those who do not have them is revelation. And after the distribution, to make them feel that this mango is Nectar and Immortality, and that it is from each human being's Immortality that the earth-consciousness will eventually be divinised and fully immortalized – this is manifestation.

Den Mango-Baum hinaufzuklettern ist Verwirklichung. Mit den Mangos wieder hinabzuklettern und sie an jene zu verteilen, die keine haben, ist Offenbarung. Die Menschen nach dem Verteilen fühlen zu lassen, dass diese Mango Nektar und Unsterblichkeit ist, und dass von der Unsterblichkeit eines jeden einzelnen Menschen das Erdbewusstsein schließlich göttlich und völlig unsterblich wird – das ist Manifestation.

417

Today's dream is tomorrow's reality.

Der Traum von heute ist die Wirklichkeit von Morgen.

418

Two things govern the world, only two things: desire and aspiration.

Zwei Dinge regieren die Welt, nur zwei Dinge: Begierde und Strebsamkeit.

419

We are of God and we are for God. We came from God and we are going to God, the Light and delight.

Wir sind von Gott und wir sind für Gott. Wir kamen von Gott und wir gehen zu Gott, dem Licht und der Wonne.

420

Once he accepts someone as his disciple, the master has boundless faith in that particular seeker.

Sobald der Meister jemanden als seinen Schüler annimmt, hat er grenzenloses Vertrauen in diesen bestimmten Sucher.

421

*The Master helps you to open your inner treasure chest
with your key – not his key – and shows you your own
treasure. Once he shows you your own treasure, his part
of the game is over.*

Der Meister hilft dir, deine innere Schatzkammer mit
deinem Schlüssel zu öffnen – nicht seinem Schlüssel –
und zeigt dir deinen eigenen Schatz. Sobald er dir deinen
eigenen Schatz gezeigt hat, ist sein Teil des Spiels vorüber.

422

*What did we do, what did we say to the Lord Supreme
when we left our Celestial Abode? We made a solemn
promise to the Supreme, that here on earth we would
realise Him more perfectly, and here on earth we would
reveal Him, manifest Him and fulfil Him in His own
Way.*

Welches Versprechen gaben wir dem Höchsten Herrn, als
wir unser himmlisches Heim verließen? Wir gaben dem
Supreme das feierliche Versprechen, dass wir Ihn hier auf
der Erde noch vollkommener verwirklichen werden und
dass wir Ihn hier auf der Erde auf Seine eigene Weise
offenbaren, manifestieren und erfüllen werden.

423

*The inner promise is a seeker's inner progress. This progress
inspires him, energises him and helps him to please God
in God's own Way.*

Das innere Versprechen ist der innere Fortschritt eines
Suchers. Dieser Fortschritt inspiriert ihn, schenkt ihm
Kraft und hilft ihm, Gott auf Seine eigene Weise zu
erfreuen.

424

Like a beggar, the world looks to us to fulfil our promise. The world looks to each individual to fulfil his promise, but we do not do it. That is why the world is suffering and still caught in the meshes of ignorance.

Wie ein Bettler setzt die Welt auf uns, damit wir unser Versprechen erfüllen. Die Welt schaut auf jeden Einzelnen, damit er sein Versprechen erfüllt, doch wir tun es nicht. Das ist der Grund, weshalb die Welt leidet und noch in den Schlingen der Unwissenheit gefangen ist.

425

To have an Avatar-Guru is to run the shortest road to God.

Einen Avatar-Guru zu haben bedeutet, auf dem kürzesten Weg zu Gott zu rennen.

426

If we do not pray and meditate, then we are foolishly waiting for help that will never arrive.

Wenn wir nicht beten und meditieren, dann warten wir dümmlicher Weise auf Hilfe, die niemals ankommen wird.

427

My gratitude-heart is all for You, all for You.

Mein Dankbarkeits-Herz ist ganz für Dich, ganz für Dich.

428

Out of the depths of my unconsciously cherished ignorance, an all-illumining light has arisen.

Aus der Tiefe meiner unbewusst gehegten Unwissenheit ist ein all-erleuchtendes Licht emporgestiegen.

429

The inner life tells us that Delight in infinite measure is at our disposal, that it is our birthright.

Das innere Leben sagt uns, dass uns Wonne in unendlichem Ausmaß zu Verfügung steht und dass dies unser
Geburtsrecht ist.

430

*We can make satisfactory, conscious and fulfilling progress
only by smiling – smiling at the world, smiling at our
reality, smiling at Heaven. Each time we smile at any
particular reality, if it is a divine reality, our smile immediately increases our capacity, and if it is something undivine, then our smile weakens or destroys its undivine
possibilities and potentialities.*

Zufriedenstellenden, bewussten und erfüllenden Fortschritt können wir nur machen indem wir lächeln – der
Welt zulächeln, unserer Wirklichkeit zulächeln, dem
Himmel zulächeln. Jedes Mal, wenn wir einer bestimmten Wirklichkeit zulächeln – wenn es eine göttliche
Wirklichkeit ist, dann vergrößert unser Lächeln augen-
blicklich unsere Kapazität. Und wenn es etwas Ungöttliches ist, dann schwächt oder zerstört unser Lächeln
dessen ungöttliche Möglichkeiten und Potentiale.

431

*In the spiritual life, when we consciously become children
of God, it becomes His bounden duty to guide us, mould
us and shape us in His very Image.*

Wenn wir im spirituellen Leben bewusst Gottes Kinder
werden, wird es Seine Pflicht und Schuldigkeit, uns zu
führen, zu formen und zu Seinem Ebenbild zu machen.

432

*In order to follow the spiritual life, we must lead the life
of purity. Otherwise, like a bad student, we shall always
fail our examination and remain in the same class.*

Um dem spirituellen Leben zu folgen müssen wir ein
Leben der Reinheit führen. Ansonsten werden wir unsere

Prüfung wie ein schlechter Student nicht bestehen und immer in der gleichen Klasse bleiben.

433

When we practise spirituality, we should feel that this need is our first and foremost need. Everything else is secondary. If we water the root of the tree, then the leaves, the branches, the flowers and the fruits will be all well nourished.

Wenn wir Spiritualität praktizieren sollten wir fühlen, dass dieses Bedürfnis unser erstes und dringendstes Bedürfnis ist. Alles andere ist zweitrangig. Wenn wir die Wurzeln des Baumes wässern, dann werden die Blätter, Zweige, Blüten und Früchte gut versorgt.

434

O seeker, be extremely careful! When God-opportunities pass, they are simply gone, gone forever.

O Sucher, sei äußerst vorsichtig! Wenn Gott-Gelegenheiten vorübergehen, sind sie verloren, für immer verloren.

435

Impossible today, inevitable tomorrow. This is how man's God-dream-seeds grow.

Heute unmöglich, morgen unvermeidbar. So wachsen die Gott-Traum-Samen des Menschen.

436

You alone have made the desire-choice. Now you alone have to silence its noise.

Du alleine hast deine Begierde-Wahl getroffen. Nun musst du ihren Lärm alleine zum Stillstand bringen.

437 *O seeker, be not a promise-breaker. You are your world's destiny-maker.*

O Sucher, sein kein Versprechens-Brecher. Du bist der Schicksals-Schöpfer deiner Welt.

438 *Humility spontaneously leads. Pride powerfully misleads.*

Demut führt spontan. Stolz täuscht kraftvoll.

439 *I recognise impurity by its face of insecurity.*

Ich erkenne Unreinheit an ihrem Gesicht der Unsicherheit.

440 *The past has not fulfilled us, and if we depend on the future, we are only building castles in the air. We have to feel that now, today, this very moment, is our greatest opportunity.*

Die Vergangenheit hat uns nicht erfüllt, und wenn wir von der Zukunft abhängig sind, bauen wir nur Luftschlösser. Wir müssen spüren, dass jetzt, heute, genau dieser Augenblick unsere größte Gelegenheit ist.

441 *Friendship disappears when selfishness invades.*

Freundschaft verschwindet, wenn Selbstsucht eindringt.

442 *What can God's Grace do for us? It can do in a minute what would take a lifetime otherwise.*

Was kann Gottes Gnade für uns tun? Sie kann in einer Minute das erreichen, was ansonsten ein ganzes Leben in Anspruch nehmen würde.

443
God tells me repeatedly not to take His Work away. His Work is to change the world, and my work is to love the world.

Gott teilt mir wiederholt mit, dass ich Ihm Seine Arbeit nicht wegnehmen soll. Seine Arbeit ist, die Welt zu ändern, und meine Arbeit ist, die Welt zu lieben.

444
Everybody hates darkness, but how many are willing to invoke Light?

Jeder hasst Dunkelheit, doch wieviele sind bereit, das Licht anzurufen?

445
Be not satisfied with second-hand spirituality. It is as useless as life's colossal futility.

Gebe dich nicht mit Spiritualität aus zweiter Hand zufrieden. Das ist so nutzlos wie die kolossale Vergänglichkeit des Lebens.

446
What a privilege it is to be with You!

Welch ein Privileg es doch ist, mit Dir zu sein!

447
May our aspiration be the hope of the present generation.

Möge unser inneres Streben die Hoffnung der gegenwärtigen Generation sein.

448
Satisfied with the little, afraid of the vast.

Zufrieden mit dem Wenigen, verängstigt vor der Weite.

449
Each second is either a gain or a loss.

Jede Sekunde ist entweder ein Gewinn oder ein Verlust.

450

The mother has the capacity to wash and clean the child, but the child does not want to be cleaned.

Die Mutter hat die Fähigkeit, das Kind zu waschen und rein zu machen, doch das Kind will nicht gewaschen werden.

451

You are not accepting my realisation as your very own. You do not claim me as your very own, but I accept you as my very own.

Du nimmst meine Verwirklichung nicht als ganz dein eigen an. Du betrachtest mich nicht als ganz dein eigen, doch ich nehme dich als ganz mein eigen an.

452

If the seeker is wanting in confidence, then aspiration can never be regular, it can never be spontaneous, it can never be continuous.

Wenn dem Sucher Vertrauen fehlt, dann kann die Strebsamkeit niemals regelmäßig sein, sie kann niemals spontan sein, sie kann niemals dauerhaft sein.

453

You do not see in me the Presence of God. I do not see in you the Presence of God. Both of us fail our Lord Beloved Supreme.

Du siehst in mir Gottes Anwesenheit nicht. Ich sehe in dir Gottes Anwesenheit nicht. Wir beide versagen vor unserem Geliebten Höchsten Herrn.

454

When I think of you, I think of your imperfections, your weaknesses. You do the same. Such being the case, who is actually our Lord? We pray to God for five minutes a day, but we think of each other for ten or twelve hours a day.

Wenn ich an dich denke, denke ich an deine Schwächen und an deine Unvollkommenheiten. Du machst das gleiche. Nach dem das der Fall ist, wer ist eigentlich unser Gott? Wir beten jeden Tag fünf Minuten lang zu Gott, doch wir denken täglich zehn oder zwölf Stunden lang an einander.

455

Once you find your Guru, it is like a tiny drop entering into the ocean.

Sobald du deinen Guru findest, ist es, wie wenn ein kleiner Tropfen in den Ozean eintritt.

456

We do not blame Judas, the person, but the forces of ignorance which he allowed to seize him most powerfully.

Wir geben nicht Judas als Person die Schuld, sondern den Kräften der Unwissenheit, denen er erlaubt hat, ihn mit voller Kraft zu ergreifen.

457

My desire-life eventually grows into a ferocious tiger that devours me entirely.

Mein Begierde-Leben wächst schlussendlich zu einem wilden Tiger heran, der mich ganz verschlingt.

458

Try to feel that whatever you cannot do right in front of me, that thing you will not do at all. Whatever you cannot say in front of me, that thing you will not say.

Versucht zu fühlen, dass ihr nichts tun werdet, was ihr nicht direkt vor mir tun könnt. Was ihr nicht direkt vor mir sagen könnt, das werdet ihr nicht sagen.

459

No more sin, no more guilt-consciousness!

Keine Sünde mehr, kein Schuld-Bewusstsein mehr!

460

The soul can not be won by a weakling.

Die Seele kann nicht von einem Schwächling gewonnen
werden.

461

*If I cannot forgive myself for all the blunders that I have
made over the years, then how can I proceed? How can I
ever dream perfection-dreams? Move, I must, forward.
Fly, I must, upward. Dive, I must, inward, to be once
more what I truly am and shall forever remain.*

Wenn ich mir die schweren Fehler nicht vergeben kann,
die ich über die Jahre hinweg gemacht habe, wie kann
ich fortfahren? Wie kann ich jemals Vollkommenheits-
Träume träumen? Weiter muss ich, vorwärts. Fliegen
muss ich, aufwärts. Tauchen muss ich, inwärts, um wieder das zu sein, was ich wahrhaftig bin und für immer
bleiben werde.

462

*Neutrality is not wisdom-light. Neutrality is weakness-
foolishness.*

Neutralität ist nicht Weisheits-Licht. Neutralität ist
Schwäche-Dummheit.

463

*To a seeker nothing can be more precious than his sacred
morning meditation-hour.*

Für einen Sucher kann nichts wertvoller sein als seine
heilige Meditations-Stunde am Morgen.

464

*Precisely because we are God's chosen instruments, He has
given us His most secret, most sacred and most precious
inner wealth - the inner hunger.*

Genau weil wir Gottes auserwählte Instrumente sind,
hat Er uns Seinen äußerst geheimen, äußerst heiligen

und äußerst wertvollen inneren Reichtum gegeben – den inneren Hunger.

465   *My devotee is dearer to me than my life itself. When he accepts a challenge, I also have to accept it.*

Mein hingebungsvoller Verehrer ist mir lieber als mein eigenes Leben. Wenn er eine Herausforderung annimmt, muss ich sie auch annehmen.

466   *Each time we open our mouth, we are bringing to the fore, or we are using, a power. It can be a good power or it can be a bad power.*

Jedes Mal, wenn wir etwas sagen, bringen wir eine Kraft zum Vorschein oder benutzen eine Kraft. Dies kann eine gute Kraft sein oder es kann eine schlechte Kraft sein.

467   *My Lord must come first. My Lord must come last as well, and in between there must be none.*

Mein Herr muss an erster Stelle stehen. Mein Herr muss ebenso an letzter Stelle stehen, und dazwischen darf niemand sein.

468   *Right now your brothers and sisters are hungry and you do not have the means to feed them. If you stay with them, you will be one other hungry person, and there will be no one to feed you. So you have to climb up the tree and pluck the mangoes.*

Im Augenblick sind deine Brüder und Schwestern hungrig und du hast nicht die Mittel, sie zu nähren. Wenn du bei ihnen bleibst, wirst du eine weitere hungrige Person sein und es wird niemand da sein, um dich zu nähren. Deshalb musst du den Baum hinaufklettern und die Mangos pflücken.

469 *Who is God? God is our own highest Reality.*

Wer ist Gott? Gott ist unsere eigene höchste Wirklichkeit.

470 *We are afraid of God. God's infinite Vastness frightens us. God's transcendental Height frightens us. God's immeasurable Depth frightens us.*

Wir fürchten uns vor Gott. Gottes unendliche Weite erschreckt uns. Gottes transzendentale Höhe erschreckt uns. Gottes unmessbare Tiefe erschreckt uns.

471 *God the Light does not expose us; it illumines us.*

Gott, das Licht stellt uns nicht bloß; es erleuchtet uns.

472 *On the physical plane there are two types of fear: fear of the imaginary and fear of the real.*

Auf der physischen Ebene gibt es zwei Arten von Furcht: Furcht vor dem Imaginären und Furcht vor dem Realen.

473 *We unfortunately feel that God the Truth is always examining us. We feel that since we are a mountain of falsehood, since we are making mistakes at every moment, God the Truth will punish us. On the contrary, He tries to illumine our mistakes and make us perfect. God is all Compassion. He does not punish us.*

Wir hegen leider das Gefühl, dass Gott die Wahrheit uns ständig prüft. Wir fühlen das, dass Gott die Wahrheit uns bestrafen wird, da wir ein Berg von Falschheit sind und jeden Augenblick Fehler begehen. Doch ganz im Gegenteil. Er versucht, unsere Fehler zu erleuchten und uns vollkommen zu machen. Gott ist voller Mitleid. Er bestraft uns nicht.

474 *Everything in life is a choice.*

Alles im Leben ist eine Wahl.

475 *God is showering His infinite Compassion on us. And we receive according to our inner receptivity and capacity.*

Gott überschüttet uns mit Seinem unendlichen Mitleid. Und wir empfangen gemäß unserer inneren Empfänglichkeit und Aufnahmefähigkeit.

476 *Life is Eternity's silence-journey towards Infinity.*

Das Leben ist die Stille-Reise der Ewigkeit hin zur Unendlichkeit.

477 *Darkness-temptation there is. That does not mean I shall have to surrender to darkness-temptation. Failure-frustration there is. That does not mean I shall have to become a giant failure-frustration. God-Perfection there is. Who dares to tell me that I cannot become another God-Perfection?*

Dunkelheits-Versuchung existiert. Das bedeutet nicht, dass ich mich der Dunkelheits-Versuchung unterwerfen muss. Fehlschlags-Frustration existiert. Das bedeutet nicht, dass ich eine riesige Fehlschlags-Frustration werden muss. Gott-Vollkommenheit existiert. Wer wagt es mir zu sagen, dass ich nicht eine weitere Gott-Vollkommenheit werden kann?

478 *It is for the strengthening of our consciousness that, at times, God grants us defeat.*

Es dient zur Stärkung unseres Bewusstseins, dass Gott uns manchmal Niederlagen gewährt.

479 *We succeed because God, out of His infinite Kindness, wants us to win in the battlefield of life.*

Wir haben Erfolg, weil Gott aus Seiner unendlichen Güte heraus möchte, dass wir auf dem Schlachtfeld des Lebens gewinnen.

480 *When I am in the physical presence of my Master, I try to hide my weaknesses. But alas, he repeatedly tells me that my weaknesses are his and it is his bounden duty to illumine my ignorance with his own divine Light.*

Wenn ich in der physischen Gegenwart meines Meisters bin, versuche ich meine Schwächen zu verstecken. Doch ach, er sagt mir wiederholt, dass meine Schwächen ihm gehören, und dass es seine Pflicht ist, meine Unwissenheit mit seinem eigenen göttlichen Licht zu erleuchten.

481 *A mind of worry is simply a wasted life.*

Ein Verstand voller Zweifel ist einfach ein verschwendetes Leben.

482 *When gratitude survives all disappointments, then it is real gratitude.*

Wenn die Dankbarkeit alle Enttäuschungen überlebt, ist es wirkliche Dankbarkeit.

483 *My Lord, may my entire world become an ever-climbing aspiration-flame.*

Mein Herr, möge meine ganze Welt eine ewig emporsteigende Strebsamkeits-Flamme werden.

484

God has chosen the conditions under which you are living your present life. It is like a play. The stage is set and the curtain has been raised for you to perform your part and advance along the spiritual path. Your present conditions are the best possible ones for your advancement.

Gott hat die Bedingungen ausgewählt, unter denen du in deinem jetzigen Leben lebst,. Es ist wie ein Spiel. Die Bühne ist aufgebaut und die Vorhänge sind für dich aufgezogen, damit du deine Rolle spielen kannst und auf dem spirituellen Weg vorwärts gehen kannst. Die gegenwärtigen Bedingungen sind die besten Voraussetzungen für deinen Fortschritt.

485

A daily miracle: The human in me prays to God in spite of what I am. A constant miracle: God-Compassion dreams in me, God-Joy loves me and God-Reality needs me in spite of what I am.

Ein tägliches Wunder: Der Mensch in mir betet zu Gott, trotz allem was ich bin. Ein ständiges Wunder: Gott-Mitleid träumt in mir, Gott-Freude liebt mich und Gott-Wirklichkeit braucht mich trotz allem was ich bin.

486

Faith, Faith, Faith, F-A-I-T-H. If you have faith, there is nothing that you cannot accomplish.

Vertrauen, Vertrauen, Vertrauen, V-E-R-T-R-A-U-E-N. Wenn du Vertrauen hast, dann gibt es nichts, das du nicht erringen kannst.

487

The moment you find your path, you must not hesitate even for a fleeting second.

In dem Augenblick, in dem du deinen Weg findest, darfst du nicht einmal eine flüchtige Sekunde zögern.

488

When I do not meditate, I see nothing in myself. The world too sees nothing in me. When I meditate, not only myself, but the whole world sees Heaven in my God-climbing eyes.

Wenn ich nicht meditiere, sehe ich nichts in mir und auch die ganze Welt sieht nichts in mir. Wenn ich meditiere, sehe nicht nur ich, sondern die ganze Welt den Himmel in meinen Gott-emporsteigenden Augen.

489

It is always the right time and the right place to pray to God and meditate on God.

Es ist immer die richtige Zeit und der richtige Ort, um zu Gott zu beten und um auf Gott zu meditieren.

490

It is so simple to get up early in the morning and pray and meditate. Yet it is so difficult, unbelievably difficult.

Es ist so einfach, früh am Morgen aufzustehen und zu beten und zu meditieren. Und doch ist es so schwierig, unglaublich schwierig.

491

The ultimate Goal is not something to understand. It is something to grow into.

Das letzte Ziel ist nicht etwas, das man verstehen kann. Es ist etwas, in das man hineinwächst.

492

To fix our body, mind and heart on the Divine is the right approach. The closer we are to the Light, the farther we are from the darkness.

Unseren Körper, unseren Verstand und unser Herz auf das Göttliche auszurichten ist der richtige Ansatz. Je näher wir dem Licht sind, desto weiter sind wir von der Dunkelheit entfernt.

493 *You have had an unpleasant experience, and you will not be happy until you stop thinking about it.*

Du hattest eine unerfreuliche Erfahrung und du wirst nicht glücklich sein, bist du aufhörst, darüber nachzudenken.

494 *We have two selves. One self is continually making us feel how weak we are, how insignificant we are, how deplorable our condition is. That self is not our true self. Then there is another self that tells us how pure we inwardly are, or how pure we can be, how sincere we can be, how humble we can be, how divine we can be. That is our true self.*

Wir haben zwei Personalitäten. Das eine Selbst lässt uns ständig fühlen, wie schwach wir sind, wie unbedeutend wir sind, wie erbärmlich unsere Bedingungen sind. Dieses Selbst ist nicht unser wahres Selbst. Dann gibt es ein anderes Selbst, das uns ständig sagt, wie rein wir innerlich sind, oder wie rein wir innerlich sein können, wie aufrichtig wir sein können, wie demütig wir sein können, wie göttlich wir sein können. Dies ist unser wahres Selbst.

495 *From now on please try to perfect your own nature instead of looking around to see who is obstructing you or standing in your way.*

Versucht von jetzt an, eure eigene Natur zu vervollkommnen anstatt euch umzusehen, wer euch behindert oder euch im Weg steht.

496 *God is unmistakably present in all our actions, but He prefers to remain invisible.*

Gott ist zweifellos in all unseren Handlungen gegenwärtig, doch Er zieht es vor, unsichtbar zu bleiben.

497 *If the choice is offered to me either to learn from or to teach the world, I shall definitely take the opportunity to learn.*

Wenn ich mir auswählen kann, entweder von der Welt zu lernen oder die Welt zu lehren, werde ich mit Sicherheit die Gelegenheit ergreifen, zu lernen.

498 *Do not deceive yourselves.*

Betrügt euch nicht selbst.

499 *The sky that was overcast with clouds became bright.*

Der Himmel, der mit Wolken bedeckt war, hat sich aufgeklärt.

500 *Each act is significant, either to make you realise God or to take you away from your path, to delay you in realising God. Each action, whether on the mental plane or on the physical plane, influences you.*

Jede Handlung ist bedeutsam, entweder um dich Gott verwirklichen zu lassen oder um dich von deinem Weg abzubringen, um deine Gott-Verwirklichung zu verzögern. Jede Handlung, ganz gleich ob auf der mentalen Ebene oder auf der physischen Ebene beeinflusst dich.

500

501

My desire to know, my desire to love and my desire to be divine and perfect are my only desires in life.

Mein Wunsch zu wissen, mein Wunsch zu lieben und mein Wunsch göttlich und vollkommen zu sein, sind meine einzigen Wünsche im Leben.

502

It is absolutely certain that ultimately the ignorance-lover and the ignorance-runner in me will collapse.

Es ist absolut sicher, dass der Unwissenheits-Liebende und der Unwissenheits-Läufer in mir letzten Endes zusammenbrechen werden.

503

Where my spiritual children are I also am there. If you take me to hell, even there I will go, but with the hope that one day I will be able to bring you to Heaven.

Wo meine spirituellen Kinder sind, da bin auch ich. Wenn ihr mich in die Hölle mitnehmt, werde ich sogar dorthin gehen, doch mit der Hoffnung, dass es mir eines Tages gelingen wird, euch in den Himmel zu bringen.

504

No matter how many hours we work, no matter how many hours we talk, no matter what we do or say, we are not nearing the Truth-Light. But if we meditate first, and afterwards act and speak, then we are doing the right thing and becoming the right thing.

Ganz gleich wieviele Stunden wir arbeiten, ganz gleich wieviele Stunden wir sprechen, ganz gleich was wir tun oder sagen, wir nähern uns nicht dem Wahrheits-Licht. Doch wenn wir zuerst meditieren und danach handeln und sprechen, dann tun wir das Richtige und werden zum Richtigen.

505

Even if you are attacked by undivine, hostile forces, or if you feel that your aspiration is not as it should be, never give up the spiritual life.

Gib niemals das spirituelle Leben auf, selbst wenn du von ungöttlichen, feindlichen Kräften angegriffen wirst, oder wenn du spürst, dass deine Strebsamkeit nicht so ist, wie sie sein sollte.

506

Today's secretly cherished desires tomorrow will openly disappoint you.

Die heimlich gehegten Wünsche von heute werden dich morgen offen enttäuschen.

507

Now you are helpless, but fear will be helpless the moment it sees that through meditation you are in touch with something powerful, most powerful.

Im Moment bist du hilflos, doch die Furcht wird in dem Augenblick hilflos, wo sie bemerkt, dass du durch Meditation mit etwas Kraftvollem, äußerst Kraftvollem in Verbindung stehst.

508

When you have meditated for fifteen or twenty years, for eight or ten hours a day, you will have a free access to something boundless, infinite.

Wenn du fünfzehn oder zwanzig Jahre lang täglich acht oder zehn Stunden meditiert hast, dann wirst du einen freien Zugang zu etwas Grenzenlosem, Unendlichem haben.

509

Until now if you have not believed that your Master suffers for you, then start believing right from now! Your Master does suffer for you – far beyond the flight of your imagination.

Wenn du bis jetzt nicht geglaubt hast, dass dein Meister für dich leidet, dann beginne von jetzt an, daran zu glauben! Dein Meister leidet für dich – weit mehr als du dir vorstellen kannst.

510

To dedicate your whole life, your real life to me sincerely, to the Supreme in me, is real discipleship.

Mir dein ganzes Leben, dein wirkliches Leben aufrichtig zu widmen, ist wirkliche Schülerschaft.

511

Those who do not feel my Love are unfortunate children. Just because they keep their windows and doors shut they do not feel my Love. But my Love is constant. My Love is unconditional. Believe it or not, my Love is Infinite and Eternal.

Jene, die meine Liebe nicht fühlen, sind bedauerliche Kinder. Sie fühlen meine Liebe nur deshalb nicht, weil sie ihre Fenster und Türen geschlossen halten. Doch meine Liebe ist permanent. Meine Liebe ist bedingungslos. Glaubt es oder glaubt es nicht, meine Liebe ist Unendlich und Ewig.

512

Ask not why there is nobody at God's Palace-Gate. Ask why you are not there yourself!

Frage nicht, warum niemand an der Palast-Türe Gottes ist. Frage, warum du nicht selbst dort bist!

513

"My Lord, give me what I need and not what I want." This prayer is not just ordinary, but extraordinary!

„Mein Herr, gib mir was ich brauche und nicht was ich will." Dieses Gebet ist nicht einfach gewöhnlich, sondern außergewöhnlich.

514

If you are fearful of losing God's Cosmic Game, then God-realisation will always be a far cry. Therefore, be brave, be brave, be brave!

Wenn du dich davor fürchtest, Gottes Kosmisches Spiel zu verlieren, dann wird die Gott-Verwirklichung für dich immer in weiter Ferne bleiben. Sei deshalb tapfer, sei tapfer, sei tapfer!

515

Alas, when will I realise that the very Name–utterance of God is a great privilege in my life?

Ach, wann werde ich erkennen, dass bereits die bloße Äußerung von Gottes Namen ein großes Privileg in meinem Leben ist?

516

If we do not accept a thing, how can we transform it? If a potter does not touch the lump of clay, how is he going to shape it into a pot?

Wenn wir eine Sache nicht annehmen können, wie wollen wir sie transformieren? Wie will ein Töpfer den Lehmklumpen in einen Topf formen, wenn er ihn nicht anfasst?

517

In all your activities try to feel the presence of God.

Fühlt in all euren Handlungen die Anwesenheit Gottes.

518

While you are talking to someone, feel that you are talking to the Divinity within him.

Wenn du mit jemandem sprichst, fühle, dass du zum Göttlichen in ihm sprichst.

519

When you examine them properly, you see that one experience expands and liberates, while another binds and limits.

Wenn du Erfahrungen genau untersuchst, stellst du fest, dass eine Erfahrung ausdehnt und befreit, während eine andere bindet und begrenzt.

520

The soul does not command us. It only whispers.

Die Seele befiehlt uns nicht. Sie flüstert nur.

521

People who are working hard, who are coming to the Centre, who do not say they are sick, I am giving them my highest blessings. People who are not doing well are getting my regular blessings. There is a great difference between my highest blessings and my regular blessings.

Schülern, die hart arbeiten, die ins Centre kommen, die nicht sagen, dass sie krank sind, ihnen gebe ich meinen höchsten Segen. Schülern, die Schwierigkeiten haben, erhalten meinen gewöhnlichen Segen. Es besteht ein großer Unterschied zwischen meinem höchsten Segen und meinem gewöhnlichen Segen.

522

A seeker of the highest Truth has to be totally uncompromising. For him there is only God and God alone.

Ein Sucher der höchsten Wahrheit muss völlig kompromisslos sein. Für ihn existiert nur Gott und Gott allein.

523

If you want to make faster than the fastest progress in your spiritual life, stop counting, calculating and measuring.

Wenn du den allerschnellsten Fortschritt in deinem spirituellen Leben machen willst, dann höre auf zu zählen, zu kalkulieren und zu messen.

524

If these wrong thoughts are not conquered they will come back to bother you again and again. First you reject, then you accept and transform, then finally you totally transcend.

Wenn diese falschen Gedanken nicht überwunden werden, kommen sie zurück und belästigen dich wieder und wieder. Erst lehnst du sie ab, dann nimmst du sie an und transformierst sie und schließlich transzendierst du sie völlig.

525

If you want to control your thoughts, you should concentrate on the centre between the eyebrows.

Wenn du deine Gedanken kontrollieren willst, solltest du dich auf den Punkt zwischen deinen Augenbrauen konzentrieren.

526

Let us not be satisfied with the things that we get very easily. Let us cry for something which is more difficult to get, but which is infinite and everlasting.

Lasst uns nicht mit den Dingen zufrieden sein, die sehr leicht zu erhalten sind. Lasst uns nach etwas verlangen, das schwieriger zu erhalten ist, das jedoch unendlich und immerwährend ist.

527

You do something and you get the fruit, either bitter or sweet. Now, even when you get the bitter fruit, you have to feel that this bitter fruit will give you an experience necessary for your perfection. And if you get a sweet fruit, a delicious fruit, then you can feel that it is also leading you towards your perfection.

Du machst etwas und erhältst die Frucht dafür, entweder bitter oder süß. Selbst wenn du die bittere Frucht erhältst, musst du fühlen, dass diese bittere Frucht dir eine für deine Vervollkommnung notwendige Erfahrung geben wird. Und wenn du die süße Frucht, eine schmackhafte Frucht, erhältst, kannst du fühlen, dass sie dich ebenfalls zu deiner Vollkommenheit führt.

528 *Do you try hard? Everything is hard. But the thing is, you have to work hard. It is like turning on a stove. You have to turn the handle to a certain point and then only you get fire.*

Unternimmst du ernsthafte Versuche? Alles ist hart. Doch die Sache ist die, du musst hart arbeiten. Es ist wie das Anzünden eines Gasofens. Du musst den Schalter bis zu einem bestimmten Punkt drehen und nur dann kommt die Flamme.

529 *God always gives us the right lesson at the right time. Impatience can never and will never believe it.*

Gott gibt uns immer die richtige Lektion zur richtigen Zeit. Ungeduld kann niemals und wird es niemals glauben.

530 *In the spiritual world we want unity and not uniformity.*

In der spirituellen Welt wollen wir Einheit und nicht Einförmigkeit.

531 *Like a human mother, the Divine Mother hides the teeming imperfections of Her son from others; then She makes Her son aware of his shortcomings because She does not want Her son to repeat the same mistake. If he repeats the same mistake again and again, God-realisation will always remain a far cry for him.*

Genau wie eine menschliche Mutter versteckt die Göttliche Mutter die unzähligen Unvollkommenheiten Ihres Sohnes vor anderen. Dann macht sie Ihren Sohn auf seine Unzulänglichkeiten aufmerksam, weil Sie nicht möchte, dass Ihr Sohn den gleichen Fehler wiederholt. Wenn er den gleichen Fehler immer wieder macht, dann wird Gott-Verwirklichung für ihn in weiter Ferne bleiben.

532 *We have to give due value and importance to time.*

Wir müssen der Zeit den ihr zustehenden Wert und die ihr zustehende Wichtigkeit beimessen.

533 *About people who are leaving the Centre, please feel that they have played their role. Now they can stay in their own boat. In no way should you be affected.*

Was Schüler anbelangt, die das Centre verlassen: bitte fühlt, dass sie ihre Rolle gespielt haben. Nun können sie in ihrem eigenen Boot verweilen. Es sollte euch in keiner Weise beeinflussen.

534 *We do not meditate, it is the Divine Grace that meditates in and through us.*

Wir meditieren nicht, es ist die Göttliche Gnade, die in und durch uns meditiert.

535 *A weak person is he who is always afraid of something. He is even afraid of his own life. Yesterday he was afraid of today. Today he is afraid of tomorrow.*

Eine schwache Person fürchtet sich ständig vor etwas. Sie fürchtet sich sogar vor ihrem eigenen Leben. Gestern fürchtete sie sich vor heute. Heute fürchtet sie sich vor morgen.

536

Yoga is the path that leads to God. Religion is the house. Each one has to live in his own house, but everyone has the right to walk along the path which leads to the school where he gets his knowledge.

Yoga ist der Weg, der zu Gott führt. Religion ist das Haus. Jeder lebt in seinem eigenen Haus, doch jeder hat das Recht, den Pfad entlang zu gehen, der zur Schule führt, wo er sein Wissen erhält.

537

When we led a desiring life we were afraid of the aspiring life.

Als wir ein begehrendes Leben führten, fürchteten wir uns vor dem emporstrebenden Leben.

538

If you feel like an ant, then you will always remain an ant.

Wenn du dich wie eine Ameise fühlst, dann wirst du immer eine Ameise bleiben.

539

Normally, it takes hundreds of lives before the human being consciously aspires for the life of divine realisation.

Gewöhnlich braucht es hunderte von Leben, bevor der Mensch bewusst nach dem Leben der göttlichen Erkenntnis strebt.

540

Do not wait for the mind's perfect time if your heart really wants to participate in God's supreme manifestation on earth.

Warte nicht auf den perfekten Zeitpunkt deines Verstandes, wenn dein Herz wirklich an Gottes erhabener Manifestation mitwirken möchte.

541

A cheerful surrender is the only way to see our imperfection on its death-bed.

Freudige Hingabe ist der einzige Weg, um unsere Unvollkommenheit auf ihrem Sterbebett zu sehen.

542

Each second is a portion of life.

Jede Sekunde ist ein Teil des Lebens.

543

Outside we see the reflection of what we have within.

Außen sehen wir die Spiegelung dessen, was wir in uns haben.

544

The inner peace is something which we already have. It is not something that we have to invent; it is something we have to discover.

Innerer Frieden ist etwas, das wir bereits haben. Er ist nicht etwas, das wir erfinden müssen; er ist etwas, das wir entdecken müssen.

545

If we settle for less than the highest, the human in us may be satisfied, but never the divine in us.

Wenn wir uns mit etwas Geringerem als dem Höchsten zufrieden geben, mag der Mensch in uns zufrieden sein, doch niemals das Göttliche in uns.

546

Each spiritual Master of the highest height is a flag-bearer of a fast approaching new generation.

Jeder spirituelle Meister höchsten Ranges ist ein Fahnenträger einer sich schnell nähernden neuen Generation.

547

O seeker, be careful! Darkness knows how to grow inside your heart unnoticed.

O Sucher, pass auf. Die Dunkelheit weiß, wie sie in deinem Herzen unbemerkt wachsen kann.

548

If you feel that the Master is good but the disciples on the path are bad than you are making a mistake. The Master is one with his path and his disciples.

Wenn du fühlst, dass der Meister gut ist, die Schüler auf dem Weg hingegen schlecht sind, dann machst du einen Fehler. Der Meister ist eins mit seinem Weg und seinen Schülern.

549

God-reliance I need, not self-confidence, which is astonishingly fragile.

Ich brauche Gott-Vertrauen, nicht Selbstvertrauen, das erstaunlich zerbrechlich ist.

550

Spirituality is natural, spirituality is normal, just as God is natural and normal.

Spiritualität ist natürlich, Spiritualität ist normal, genau wie Gott natürlich und normal ist.

551

Today I am in a high consciousness and I can lift you. Tomorrow I can be in a very, very low consciousness and you can be in a high consciousness, so you can pull me up. That is why we give importance to the collective meditation.

Heute bin ich in einem hohen Bewusstsein und kann dich emporheben. Morgen kann ich in einem sehr, sehr niedrigen Bewusstsein sein und du kannst in einem hohen Bewusstsein sein. Dann kannst du mich empor-ziehen. Aus diesem Grund schenken wir der gemein-samen Meditation soviel Bedeutung.

552

Where love is thick, fault is thin.

Liebe macht blind.

553

I am God's son, God's chosen son, and I am going to be His perfect instrument. There is nothing on earth which can prevent me from becoming His perfect instrument.

Ich bin Gottes Sohn, Gottes auserwählter Sohn, und ich werde Sein vollkommenes Instrument werden. Es gibt nichts hier auf der Welt, das mich davon abhalten kann, Sein vollkommenes Instrument zu werden.

554

Forward, children, forward! On to Victory, on to Truth and Glory! Forward, children, forward!

Vorwärts, Kinder, vorwärts! Auf zum Sieg, auf zur Wahrheit und zum Ruhm! Vorwärts, Kinder, vorwärts!

555

The divine warriors have only one thing to tell us: accept light and reject night.

Die göttlichen Krieger haben uns nur eines zu sagen: nehmt das Licht an und lehnt die Nacht ab.

556

We cannot judge others. We do not know their heights; we do not know their depths. We do not know what is actually happening in others. It is the cosmic Will that is operating in others. It is the cosmic Will that is operating in and through each and every individual.

Wir können andere nicht beurteilen. Wir kennen ihre Höhe nicht; wir kennen ihre Tiefe nicht. Wir wissen nicht, was sich tatsächlich in anderen abspielt. Es ist der kosmische Wille, der in und durch jeden einzelnen wirkt.

557

If you say your religion is by far the best religion, people will disagree. The only thing we can say is that our own religion is perfect for us and that all religions lead us to the same Ultimate Truth.

Wenn du behauptest, dass deine Religion bei weitem die beste Religion ist, werden andere nicht einverstanden sein. Das einzige, das wir sagen können ist, dass unsere eigene Religion für uns perfekt ist und dass alle Religionen uns zur selben letzten Wahrheit führen.

558

All negative things first attack the mind.

Alle negativen Dinge greifen zuerst den Verstand an.

559

God was One. He wanted to divinely divide Himself up and thus enjoy Himself in multiple forms. That is why we are now here on earth.

Gott war Eins. Er wollte Sich göttlich aufteilen und Sich dadurch in vielfältigen Formen erfreuen. Das ist der Grund, warum wir hier auf der Erde sind.

560

The negative force means the destruction of one's inner possibilities. The positive force which energises us is the force of the soul.

Die negative Kraft bedeutet die Zerstörung der eigenen inneren Möglichkeiten. Die positive Kraft, die uns Energie schenkt, ist die Kraft der Seele.

561

We sometimes act like animals. We justify it. How? Because we feel that everybody is doing it.

Wir handeln manchmal wie Tiere und rechtfertigen es. Wie? Weil wir das Gefühl haben, dass jeder es tut.

562

Do not be disappointed. It is God within you who is going through a series of experiences in and through your imperfections. When we realise God we see that these imperfections were necessary at the time for our evolution. And then, when they were no longer necessary, these imperfections were turned into perfections.

Sei nicht enttäuscht. Es ist Gott in dir, der in und durch deine Unvollkommenheiten eine Reihe von Erfahrungen macht. Wenn wir Gott verwirklichen, erkennen wir, dass diese Unvollkommenheiten zu dieser Zeit für unsere Weiterentwicklung notwendig waren. Und dann, als sie nicht länger notwendig waren, wurden diese Unvollkommenheiten in Vollkommenheit verwandelt.

563

No matter how great something is, just avoid it if it stands in your way to God-aspiration and God-realisation.

Ganz gleich wie großartig etwas ist, vermeide es, wenn es dir auf deinem Weg zur Gott-Strebsamkeit und Gott-Verwirklichung im Wege steht.

564

Indeed, a leader is he who lifts his followers up, and not he who pushes his followers down.

Ein wirklicher Führer ist in der Tat derjenige, der seine Anhänger emporhebt und nicht derjenige, der seine Anhänger unterdrückt.

565

The human in me wants to judge the world without judging itself. The human in me wants to change the world without changing itself.

Das Menschliche in mir will die Welt beurteilen, ohne sich selbst zu beurteilen. Das Menschliche in mir will die Welt ändern ohne sich selbst zu ändern.

566

Man's life is the pendulum between division-night and oneness-light.

Das Leben des Menschen ist das Pendel zwischen Trennungs-Nacht und Einsseins-Licht.

567

You have tremendous inner power. But it is the Master who has the capacity to bring your inner power to the fore.

Du hast enorme innere Stärke. Doch es ist der Meister, der die Fähigkeit hat, deine innere Stärke zum Vorschein zu bringen.

568

Only the multitude of God-hungry souls can and will save this world from the destruction-blows of ignorance-night.

Nur eine Vielzahl Gott-hungriger Seelen kann und wird diese Welt vor den Zerstörungs-Schlägen der Unwissenheits-Nacht retten.

569

My Lord commands me not to be ashamed of myself, but to face my weaknesses and transform them.

Mein Herr befiehlt mir, mich nicht über mich selbst zu schämen, sondern meinen Schwächen ins Auge zu sehen und sie zu transformieren.

570

Nothing and nobody can stop me! Cheerfully and proudly I shall walk along Eternity's road to please my Lord Supreme in His own Way.

Nichts und niemand kann mich aufhalten! Freudig und stolz werde ich auf der Straße der Ewigkeit entlang schreiten, um meinen Erhabenen Herrn auf Seine eigene Weise zu erfreuen.

571

God has shown me obstacle-thorns only to make me long for progress-roses.

Gott hat mir Hindernis-Dornen nur gezeigt, damit ich mich nach Fortschritts-Rosen sehne.

572

You want your glorious deeds to be applauded. If so, what about your glaring misdeeds?

Du möchtest Beifall für deine glorreichen Taten. Wenn dem so ist, wie steht es mit deinen eklatanten Missetaten?

573

Aspiration does not know how to pull or push. Restlessness and aspiration can never go together.

Strebsamkeit weiß nicht, wie man zieht und stösst. Rastlosigkeit und Strebsamkeit können niemals zusammenpassen.

574

Old desires are bound to raise their heads when we do not feed our fresh aspiration-heart-flames regularly.

Alte Wünsche kommen zwangsläufig zum Vorschein, wenn wir unsere frischen Strebsamkeits-Herzens-Flammen nicht regelmäßig nähren.

575

God has already planned my future in every detail. Therefore, for me there is nothing to worry about.

Gott hat meine Zukunft bereits bis in das kleinste Detail geplant. Deshalb gibt es für mich nichts, um das ich mich sorgen müsste.

576

The professors also, once upon a time, had to study. Soon, the present students will also start teaching.

Auch Professoren mussten einmal selbst studieren. Bald werden die jetzigen Studenten auch anfangen, zu lehren.

577

When God's infinite Grace and man's sincere efforts go together, then the Goal cannot remain a far cry.

Wenn Gottes unendliche Gnade und des Menschen aufrichtige Bemühungen zusammen kommen, dann kann das Ziel nicht mehr in weiter Ferne liegen.

578

When we try to define God, we bind and belittle Him. God transcends all definitions.

Wenn wir versuchen, Gott zu definieren, dann binden wir Ihn und setzen Ihn herab. Gott transzendiert alle Definitionen.

579

Man is God yet to be realised in totality, in the highest plane of consciousness. God is man yet to be manifested fully here on earth.

Der Mensch ist Gott, der noch in seiner Gesamtheit, in der höchsten Bewusstseinsebene verwirklicht werden muss. Gott ist der Mensch, der hier auf der Erde noch vollständig manifestiert werden muss.

580

Spiritual Masters do not think that those who are unillumined and unenlightened are inferior to them. The older brother does not think his younger brothers are inferior. They have simply not had as much experience or wisdom as he has.

Spirituelle Meister halten jene, die unerleuchtet und unwissend sind, nicht für minderwertiger. Der ältere Bruder hält seine jüngeren Brüder nicht für minderwertig. Sie haben einfach noch nicht so viel Erfahrung und Weisheit wie er.

581

If you waste an hour, then it is lost for you forever.

Wenn du eine Stunde verschwendest, dann ist sie für immer für dich verloren.

582

I cannot go on doing something undivine and feel that God, the Cosmic Law, will forgive me.No. But if I have done something wrong and I really have repentance, if I really do not do it again, if I shed bitter tears and if God sees a soulful cry within my heart, naturally He will forgive me. He will also give me the necessary strength not to commit the same mistake again.

Ich kann nicht damit fortfahren, etwas Ungöttliches zu tun und annehmen, dass Gott, das Kosmische Gesetz, mir vergeben wird. Nein. Doch wenn ich etwas falsch gemacht habe und wirkliche Reue zeige, wenn ich es nicht wieder tue, wenn ich bittere Tränen vergieße und Gott einen seelenvollen Ruf in meinem Herzen sieht, dann wird er mir natürlich vergeben. Er wird mir auch die notwendige Kraft geben, den gleichen Fehler nicht nochmals zu begehen.

583

If we take falsehood as our very own, what happens? Truth remains silent. But if we are eager to follow the truth, then falsehood comes and strikes us, insults us and discourages us.

Was geschieht, wenn wir Falschheit als unser eigen betrachten? Die Wahrheit verharrt in Stille. Doch wenn wir der Wahrheit eifrig folgen, dann kommt die Falschheit und schlägt uns, beleidigt uns und entmutigt uns.

584

By telling you that you are very bad, I cannot help you in any way. On the contrary, if you have just a little possibility, I am killing it.

Ich kann dir in keiner Weise helfen, indem ich dir sage, dass du sehr schlecht bist. Ganz im Gegenteil, wenn du nur eine kleine Möglichkeit hast, lösche ich sie aus.

585

Most of us have accepted darkness as natural and normal, which is absolutely wrong.

Die meisten von uns haben die Dunkelheit als natürlich und normal akzeptiert, was völlig falsch ist.

586

I cannot exist without God, even for a fleeting second.

Ich kann ohne Gott nicht existieren, nicht einmal für eine flüchtige Sekunde.

587

My Supreme, my Supreme! I have looked far beyond the clouds, and I wish to tell You what I have discovered. I have discovered tomorrow's brightest sunshine.

Mein Supreme, mein Supreme! Ich habe weit jenseits der Wolken geblickt und ich möchte Dir erzählen, was ich entdeckt habe. Ich habe den hellsten Sonnenschein von morgen entdeckt.

588

We are in the finite, quarreling and fighting. We are victims to doubt, fear and negative forces which we feel are quite normal and natural.

Wir sind im Endlichen und streiten und kämpfen. Wir fallen Zweifeln, Angst und negativen Kräften zum Opfer, was wir für ganz normal halten.

589

Those who practise meditation go deep within and see there real peace, light and bliss.

Jene, die Meditation praktizieren gehen tief nach innen und erkennen dort wirklichen Frieden, Licht und Glückseligkeit.

590

If we want to aspire, God gives us enough time. He also gives us the capacity. When God asks us to do something, we have to realise immediately that He has given us the capacity which is already within us.

Gott gibt uns genug Zeit, wenn wir innerlich streben. Er gibt uns auch die Fähigkeit. Wenn Gott uns bittet, etwas zu tun, müssen wir sofort erkennen, dass Er uns die Fähigkeit gegeben hat, die bereits in uns ist.

591

The outer life does not want to cooperate with the inner life. The one has abundant light which can only shine forth on very rare occasions and the other has practically no light, but it dominates us almost constantly.

Unser äußeres Leben will nicht mit dem inneren Leben kooperieren. Das eine hat grenzenloses Licht, das nur bei seltenen Gelegenheiten durchscheinen kann. Das andere hat praktisch kein Licht, doch es beherrscht uns fast ständig.

592   *The spiritual Master is not giving his own light. You have your light, only you do not know where your light is.*

Der spirituelle Meister gibt nicht sein eigenes Licht. Du hast dein eigenes Licht, nur weißt du nicht, wo dein Licht ist.

593   *When we repeat a mantra, it offers us a particular result. But when we meditate, we enter into a vast expanse of peace, light and bliss.*

Wenn wir ein Mantra wiederholen, erhalten wir davon ein bestimmtes Ergebnis. Doch wenn wir meditieren, dann treten wir in die Weite von Frieden, Licht und Glückseligkeit ein.

594   *An abiding sense of security can never come from possession or from achievement.*

Von Besitz und Errungenschaft kann niemals ein beständiger Ausdruck von Sicherheit kommen.

595   *Your life is an open book to me, but I am a most compassionate reader.*

Dein Leben ist ein offenes Buch für mich, doch ich bin ein äußerst mitleidsvoller Leser.

596   *My Lord, help me! I am falling. "My child, you are not falling. You are just leaving Me aside."*

Mein Herr, hilf mir! Ich falle. „Mein Kind, du fällst nicht. Du lässt Mich einfach links liegen."

597

It thrills God's Heart to the core that I do not speak ill of anybody at any time.

Es entzückt Gottes Herz durch und durch, dass ich niemals über irgendjemanden schlecht spreche.

598

An unmarried man does not necessarily lead a better or purer life. No. He may not be a married person, but his mind may remain in the ordinary vital, lower world. So he will not make any progress.

Ein lediger Mann führt nicht unbedingt ein besseres oder reineres Leben. Nein. Er ist vielleicht unverheiratet, doch sein Verstand kann in der gewöhnlichen vitalen, niederen Welt bleiben. Auf diese Weise wird er keinen Fortschritt machen.

599

If you are meant for him, if you are a chosen disciple of that particular Master, God will without fail either take you to him or bring him to you.

Wenn du für ihn bestimmt bist, wenn du ein auserwählter Schüler eines bestimmten Meisters bist, dann wird dich Gott mit Sicherheit entweder zu ihm bringen oder ihn zu dir.

600

Mother Earth is cursed with false Masters and blessed with true Masters.

Mutter Erde ist verflucht mit falschen Meistern und gesegnet mit wahren Meistern.

600

601

It is high time for me to believe that I can offer my life totally to serve God to His Satisfaction.

Es ist höchste Zeit für mich zu glauben, dass ich mein Leben vollständig anerbieten kann, um Gott zu Seiner Zufriedenheit zu dienen.

602

When some people get a little confidence in their spiritual life, they develop a feeling of superiority which comes from the vital.

Sobald manche Leute ein wenig Vertrauen in ihr spirituelles Leben erlangen, entwickeln sie ein Gefühl der Überlegenheit, das vom Vitalen kommt.

603

The world exists just because love still exists on earth.

Die Welt existiert nur, weil es noch Liebe auf der Erde gibt.

604

You should have the conscious desire to be the best disciple, not only when I am in front of you, but always.

Du solltest den bewussten Wunsch haben, der beste Schüler zu sein, nicht nur wenn ich vor dir stehe, sondern immer.

605

A disciple can best please his Master if he does not expect anything from the Master. He will give and give and give and offer himself totally and unconditionally. Only then will the Master be most pleased with him. At that time the Master will give him infinitely more than he deserves.

Ein Schüler kann seinen Meister am meisten erfreuen, wenn er nichts vom Meister erwartet. Er wird nur geben und geben und geben und sich selbst vollständig und bedingungslos anerbieten. Nur dann wird der Meister mit ihm höchst zufrieden sein. Zu dem Zeitpunkt wird der Meister ihm unendlich mehr geben als er verdient.

606
Spirituality is, indeed, a long journey. We must enjoy the journey if we want to succeed.

Spiritualität ist in der Tat eine lange Reise. Wir müssen uns an der Reise erfreuen, wenn wir erfolgreich sein wollen.

607
Here on earth the tree offers us an example of aspiration. It remains on earth with its roots in the dirt, but its aim is to reach the Highest.

Hier auf der Erde gibt uns der Baum ein Beispiel für Strebsamkeit. Mit seinen Wurzeln bleibt er auf der Erde im Schmutz, doch sein Ziel ist es, das Höchste zu erreichen.

608
Anything that stands in the way of your God-discovery or Truth-discovery or life-manifestation has to be discarded.

Alles was dir bei deiner Gott-Entdeckung, Wahrheits-Entdeckung oder Lebens-Manifestation im Weg steht, muss abgelegt werden.

609
Do not depend on tomorrow. Do not depend even on today. Just depend on now, this very moment.

Verlasse dich nicht auf morgen. Verlasse dich nicht einmal auf heute. Verlasse dich einfach auf jetzt, genau diesen Augenblick.

610

"Difficult" is one thing and "impossible" is another.

„Schwierig" ist eine Sache und „unmöglich" ist eine andere.

611

Each individual seeker has an intimate friend, a constant companion, a friend who is always with him. Who is his best friend? The Real in him. The Real in him is the eternal seeker, who has an eternal longing for Truth, Peace, Light and Bliss in abundant measure.

Jeder einzelne Sucher hat einen engen Freund, einen ständigen Begleiter, einen Freund, der immer bei ihm ist. Wer ist sein bester Freund? Das Wahre in ihm. Das Wahre in ihm ist der ewige Sucher, der eine ewige Sehnsucht nach Wahrheit, Frieden, Licht und Glückseligkeit in reichlichem Maße hat.

612

Nothing could please God more than my conscious withdrawal from world-criticism-life.

Nichts könnte Gott mehr erfreuen als mein bewusster Rückzug aus dem Welt-Kritik-Leben.

613

Spirituality is not a part-time but a full-time relationship with divinity.

Spiritualität ist keine Teilzeit- sondern eine Vollzeit-Beziehung zum Göttlichen.

614

Life-progress always depends on heart-receptivity.

Der Fortschritt des Lebens ist immer von der Empfänglichkeit des Herzens abhängig.

615

The wings of desire break down even before the flight begins. The wings of aspiration fly and fly in Infinity's Sky.

Die Schwingen der Begierde brechen schon zusammen bevor der Flug beginnt. Die Schwingen der Strebsamkeit fliegen und fliegen im Himmel des Unendlichen.

616

What God is really looking for is not our capacity but our willingness.

Nach was Gott wirklich Ausschau hält ist nicht unsere Kapazität sondern unsere Bereitwilligkeit.

617

Each time I offer sweetness-gratitude to my Lord, my heart becomes infinitely more luminous than I can ever imagine.

Jedesmal wenn ich meinem Herrn Süße-Dankbarkeit anerbiete, wird mein Herz unendlich strahlender als ich es mir jemals vorstellen kann.

618

God has played His Role by giving. You have played your role by expressing gratitude.

Gott hat Seine Rolle gespielt indem Er gibt. Du hast deine Rolle gespielt, indem du Dankbarkeit gezeigt hast.

619

Each desire-satisfaction becomes my heart's aspiration-starvation.

Jede Wunsch-Befriedigung wird zum Strebsamkeits-Hungern meines Herzens.

620

One day you will all become divine lions, roaring to manifest the Absolute Supreme.

Eines Tages werdet ihr alle göttliche Löwen werden, die brüllen, um den Absoluten Supreme zu manifestieren.

621

Only by working hard both inwardly and outwardly can you become what you want to be.

Nur indem du sowohl innerlich als auch äußerlich hart arbeitest, kannst du werden, was du sein möchtest.

622

I shall never give up, I shall never give up! I must continue, I must continue! I know my Goal is ahead, and I am destined to reach my Goal.

Ich werde niemals aufgeben, ich werde niemals aufgeben! Ich muss weitergehen, ich muss weitergehen! Ich weiß, dass mein Ziel vor mir liegt und ich dazu bestimmt bin, mein Ziel zu erreichen.

623

My Supreme, from today on I shall live only by Your Standards and not by man-made standards.

Mein Supreme, von heute an werde ich nur nach Deinen Richtlinien leben und nicht nach den von Menschen gemachten Richtlinien.

624

May I live far beyond the domain of success and failure-life.

Bitte lass mich jenseits des Bereichs des Erfolgs- und Fehlschlags-Leben leben.

625

If others feel that we have a sweet, harmonious family, and that this family is not standing in their way at all, then they can also join us if they wish. Today our family is small, but tomorrow our family will become big, very big.

Wenn andere fühlen, dass wir eine süße, harmonische Familie sind, und dass diese Familie ihnen nicht im geringsten im Wege steht, dann können sie sich uns anschließen, wenn sie möchten. Heute ist unsere Familie klein, doch morgen wird unsere Familie groß, sehr groß werden.

626

We are grateful because we are given the chance. God could have given the golden opportunity to somebody else, but He gave it to us.

Wir sind dankbar, weil wir die Chance erhalten haben. Gott hätte die goldene Gelegenheit jemand anderem geben können, doch Er gab sie uns.

627

In politics you have to prove, in science you have to prove. But in spirituality it is not necessary, because you become what you achieve.

In der Politik musst du beweisen, in der Wissenschaft musst du beweisen. Doch in der Spiritualität ist es nicht nötig, weil du zu dem wirst, was du erreichst.

628

When we help, we feel that we are one step ahead or one step higher than the ones that we are helping. But if we serve someone, then we offer our capacity with humility, on the strength of our loving concern and oneness.

Wenn wir helfen, fühlen wir, dass wir einen Schritt voraus oder eine Stufe höher sind als jene, denen wir helfen. Doch wenn wir jemandem dienen, dann bieten wir demütig unsere Fähigkeit kraft unserer liebenden Anteilnahme und unseres Einsseins an.

629

You can have joy. It is not so hard. Just be good to yourself and to others. You can be good to yourself and others. To your surprise, joy has arrived.

Du kannst Freude haben. Es ist nicht so schwer. Sei einfach gut zu dir selbst und zu anderen. Du kannst zu dir und zu anderen gut sein. Zu deiner Überraschung ist Freude schon eingetroffen.

630 *If you feel you are quite perfect, then become more perfect by forgiving others instead of speaking ill of them.*

Wenn du das Gefühl hast, du seist ziemlich vollkommen, dann werde vollkommener, indem du anderen vergibst anstatt schlecht über sie zu sprechen.

631 *At every moment you have to choose between light and darkness if you really take your spiritual life seriously.*

Du musst dich in jedem Augenblick zwischen Licht und Dunkelheit entscheiden, wenn du dein spirituelles Leben wirklich ernst nimmst.

632 *If the opportunity to serve the Master is misused, it will be taken away.*

Wenn die Gelegenheit dem Meister zu dienen missbraucht wird, wird sie weggenommen.

633 *You have to feel that work, if you do it devotedly, is the prayer of the body.*

Du solltest fühlen, dass Arbeit, wenn du sie ergeben verrichtest, das Gebet des Körpers ist.

634 *When you are doing selfless service, you should not allow yourself to be distracted by looking from side to side or talking to others. Many, many times I have seen people talking, talking, talking and making selfless service a kind of pleasure. Selfless service is real dedication.*

Wenn ihr selbstlosen Dienst verrichtet, solltet ihr euch nicht ablenken lassen, indem ihr hierhin und dorthin schaut oder euch mit anderen unterhaltet. Sehr, sehr oft habe ich beobachtet, wie sich die Leute unterhielten, unterhielten, unterhielten und selbstlosen Dienst zu einer Art Vergnügen machten. Selbstloser Dienst ist eine wirkliche Widmung.

635 *If we can develop the capacity to laugh triumphantly, without the least hesitation, at our sad failures, then we shall be given countless opportunities by the Lord Supreme to win the aspiration-race.*

Wenn wir die Fähigkeit entwickeln können, ohne das geringste Zögern triumphierend über unsere traurigen Fehlschläge zu lachen, dann werden wir von unserem Erhabenen Herrn unzählige Gelegenheiten erhalten, das Strebsamkeits-Rennen zu gewinnen.

636 *You can have joy. It is not so hard. Just imagine a child smiling at you. You can see the child smiling at you. To your surprise, joy has arrived.*

Du kannst Freude haben. Es ist nicht so schwer. Stell die einfach ein Kind vor, das dich anlächelt. Du kannst sehen wie das Kind dich anlächelt. Zu deiner Überraschung ist Freude schon eingetroffen.

637 *The inner life tells us that life is soulfully precious, time is fruitfully precious.*

Das innere Leben sagt uns, dass das Leben seelenvoll wertvoll ist, dass Zeit fruchtbar wertvoll ist.

638

My Lord, my Lord, my Lord, every morning when You ask Your beloved sun-son to wake up, do ask me also to wake up, and please bless my heart with prayer-gratitude-tears and my life with surrender-perfection-smiles.

Mein Herr, mein Herr, mein Herr, jeden Morgen, wenn Du Deinen geliebten Sonnen-Sohn bittest, aufzuwachen, fordere auch mich auf, aufzuwachen und segne bitte mein Herz mit Gebets-Dankbarkeits-Tränen und mein Leben mit Hingabe-Vollkommenheits-Lächeln.

639

Along with capacity, if you have the right path and have a true Master to help you, who can prevent you from reaching your Destined Goal?

Wenn du neben der Fähigkeit und dem richtigen Weg einen wahren Meister hast, der dir hilft, wer kann dich davon abhalten, dein vorausbestimmtes Ziel zu erreichen?

640

Go forward, fear not, fight!

Gehe vorwärts, habe keine Angst, kämpfe!

641

Anything that stands in the seeker's way has to be thrown aside without hesitation. His is the life that knows no compromise.

Alles, was dem Sucher im Weg steht, muss ohne Zögern beiseite geworfen werden. Sein ist das Leben, das keinen Kompromiss kennt.

642

You are mistaken, completely mistaken, if you think you can simply wait around for your teeming temptations to die.

Du täuschst dich, du täuschst dich vollkommen wenn du denkst, dass du einfach darauf warten kannst, dass deine unzähligen Versuchungen sterben.

643

Each moment presents itself as a supreme choice. Pray and meditate, meditate and pray to make the right choice.

Jeder Augenblick präsentiert sich als eine erhabene Wahl. Bete und meditiere, meditiere und bete, um die richtige Wahl zu treffen.

644

Everyone else may change direction and decide to take another course, but you continue walking along Eternity's road until you stand at the Feet of the Absolute Lord Supreme.

Alle anderen mögen ihre Richtung wechseln und beschließen, einen anderen Kurs zu nehmen, doch du fährst fort, auf der Straße der Ewigkeit zu wandern bis du zu Füßen des Absoluten Höchsten Herrn stehst.

645

There is somebody who is working for you, working on your behalf, and that is your Master.

Es gibt jemanden, der für dich arbeitet, der an deiner Stelle arbeitet, und das ist dein Meister.

646

No matter what you do or what you say, I will love you.

Ganz gleich was du tust oder was du sagst, ich werde dich lieben.

647

Whenever we are able to give something to God, it is because His infinite Grace is acting in and through us.
   If we are ready to give God one cent, it is just because He is inspiring us to give it to Him. Otherwise, we would have used it for some other purpose.

Wann immer wir in der Lage sind, Gott etwas zu geben, dann ist es weil Seine unendliche Gnade in und durch uns handelt.

Wenn wir bereit sind, Gott einen Cent zu geben, dann ist es deshalb, weil Er uns dazu inspiriert. Ansonsten hätten wir es für einen anderen Zweck benutzt.

648 *Perfection is already deep inside us.*

Vollkommenheit ist bereits tief in uns.

649 *The great Saviour has taught us, "No man can serve two masters". Here we have two masters: ignorance and knowledge.*

Der große Erlöser hat uns gelehrt: „Kein Mensch kann zwei Herren dienen." Hier haben wir zwei Herren: Unwissenheit und Wissen.

650 *Each individual being has limited freedom. This freedom can be utilised either to aspire or to desire.*

Jeder Mensch hat begrenzte Freiheit. Diese Freiheit kann entweder dazu verwendet werden um zu streben oder zu begehren.

651 *Everybody is destined to realise the highest Truth, but he who cries for the inner light will naturally reach the goal sooner than the one who is still fast asleep.*

Jeder ist dazu bestimmt, die höchste Wahrheit zu verwirklichen. Doch derjenige, der sich nach dem inneren Licht sehnt, wird natürlich das Ziel früher erreichen, als derjenige, der noch tief schläft.

652 *We have to feel His Presence not only when we pray and meditate, but in our every action: when we sing, when we run, when we work. And something more: we also*

have to feel that we are doing everything with Him, in Him and for Him.

Wir sollten Seine Anwesenheit nicht nur fühlen wenn wir beten und meditieren, sondern in jeder unserer Handlungen: wenn wir singen, wenn wir rennen, wenn wir arbeiten. Und noch etwas: wir sollten auch fühlen, das wir alles mit Ihm, in Ihm und für Ihn tun.

653 *When wisdom dawns, it is like the sun appearing through the clouds.*

Wenn Weisheit dämmert ist es, wie wenn die Sonne zwischen den Wolken auftaucht.

654 *Just remember: if you really love the Supreme in your Master, you will not do anything to disappoint or displease him.*

Denke daran: wenn du wirklich den Supreme in deinem Meister liebst, wirst du nichts tun, was ihn enttäuschen oder ihm missfallen könnte.

655 *Love can stay even with ignorance, but Compassion will not. Compassion has to be successful; otherwise it will be withdrawn. It will stay for a few seconds, or for a few minutes or a few years, but it has to send a report to the highest Authority and say whether it has been successful or not.*

Liebe kann sogar bei der Unwissenheit bleiben, doch Mitleid wird es nicht tun. Mitleid muss erfolgreich sein, ansonsten wird es zurückgezogen. Es wird für einige Sekunden bleiben, oder für ein paar Minuten oder ein paar Jahre, doch es muss einen Bericht an die höchste Autorität senden und sagen, ob es erfolgreich war oder nicht.

656 *At every moment in the spiritual life we have to value Peace, Light and Bliss and cry for it.*

In unserem spirituellen Leben müssen wir Frieden, Licht und Glückseligkeit jeden Augenblick schätzen und uns danach sehnen.

657 *For everything we get, we have to offer something of ourselves, but we see that what we give is next to nothing in comparison with what we get.*

Für alles, was wir bekommen, müssen wir etwas von uns anbieten. Wir bemerken jedoch, dass das, was wir geben fast nichts ist im Vergleich zu dem, was wir erhalten.

658 *It is a powerful disease, the feeling that your Guru does not love you, he does not care for you. I do care for you, but in my own way, in a divine way. My divine way nobody understands.*

Das Gefühl, dass dein Guru dich nicht liebt, dass er sich nicht um dich kümmert, ist eine mächtige Krankheit. Ich sorge mich um dich, aber auf meine eigene Weise, auf eine göttliche Weise. Meine göttliche Weise versteht niemand.

659 *He who develops oneness with the Master helps his Master immeasurably.*

Derjenige, der Einssein mit dem Meister entwickelt hilft seinem Meister unermesslich.

660 *When I was trying to lift 300 pounds, I failed 212 times.*

Als ich versuchte, 300 Pfund zu heben, misslang es mir 212 Mal.

661

Every day I pray to become a better human being so that I can be of better service to mankind.

Ich bete jeden Tag darum, ein besserer Mensch zu werden, damit ich der Menschheit besser dienen kann.

662

There is no neutrality in life. Either you are on God's Side, or you are on the side of ignorance.

Es gibt keine Neutralität im Leben. Entweder bist du auf Gottes Seite oder du bist auf der Seite der Unwissenheit.

663

I shall offer gratitude to my Lord Supreme just for being.

Ich werde meinem Erhabenen Herrn Dankbarkeit anerbieten, einfach weil ich bin.

664

If you are humble, then your goal is really near. If you are proud and arrogant, then your goal will always remain a far cry.

Wenn du demütig bist, dann ist dein Ziel wirklich nah. Wenn du stolz und arrogant bist, dann wird dein Ziel immer in weiter Ferne bleiben.

665

It is through humility that we can dive the deepest and climb the highest in our meditation.

Dank unserer Demut können wir in unserer Meditation zum Tiefsten tauchen und das Höchste erklimmen.

666

If you did not do well, so what? Next time you will do better.

Wenn du dieses Mal nicht so gut warst, was soll's? Nächstes Mal wirst du es besser machen.

667

My spirituality is my unparalleled self-improvement-opportunity.

Meine Spiritualität ist meine unvergleichliche Gelegenheit zur Selbstverbesserung.

668

We become a fast runner after losing the race many times.

Wir werden ein schneller Läufer, nachdem wir das Rennen viele Male verloren haben.

669

I have many desires, but my Lord has only one: my constant happiness.

Ich habe viele Wünsche, doch mein Herr hat nur einen: mein ständiges Glücklichsein.

670

God has repeatedly told me that He is interested only in what I am doing, and not what I am saying.

Gott hat mir wiederholt gesagt, dass Er nur daran interessiert ist, was ich tue und nicht an dem, was ich sage.

671

There was a time when I had a volley of questions, but now I have only one question: Do I have a real God-hunger?

Es gab eine Zeit, da hatte ich eine Flut von Fragen, doch jetzt habe ich nur eine Frage: Habe ich einen wahren Gott-Hunger?

672

There is no yawning gulf between man and God. Through his aspiration and meditation man can become conscious of his oneness with God.

Es gibt keine gähnende Kluft zwischen Mensch und Gott. Durch sein inneres Streben und seine Meditation kann der Mensch sich seines Einsseins mit Gott bewusst werden.

673 *When greed enters, wisdom disappears.*

Wenn Gier eintritt, verschwindet die Weisheit.

674 *We should always offer our capacity cheerfully to God. What we have, we will give.*

Wir sollten Gott unsere Fähigkeit immer freudig anerbieten. Was wir haben, werden wir geben.

675 *Always compete with yourself; do not compete with anybody else.*

Wetteifere immer mit dir selbst; wetteifere mit niemand anderem.

676 *Yes, I do stumble, but I am absolutely confident I shall not permanently fail. I shall definitely succeed at God's choice Hour.*

Ja, ich stolpere, doch ich bin absolut zuversichtlich, dass ich nicht ständig versagen werde. Ich werde mit Sicherheit zu Gottes auserwählter Stunde Erfolg haben.

677 *My acceptance of spirituality is neither my obligation nor my responsibility, but a golden opportunity to love God and be loved by God.*

Meine Annahme der Spiritualität ist weder meine Verpflichtung noch meine Verantwortung, sondern eine goldene Gelegenheit, Gott zu lieben und von Gott geliebt zu werden.

My Lord, my only prayer to You is this: do continue to remain fully in charge of my life.

Mein Herr, mein einziges Gebet an Dich ist: bleibe weiterhin voll für mein Leben verantworltlich.

The Golden Age has decided not to sleep anymore. It is about to wake up to illumine the world once again.

Das Goldene Zeitalter hat beschlossen, nicht länger zu schlafen. Es ist dabei, aufzuwachen und die Welt erneut zu erleuchten.

Renunciation means giving up the things that are undivine, unreal, imperfect – things that are compelling us constantly to lag behind in our Godward march. We are going to renounce the finite in order to achieve the Infinite, Eternal and Immortal that abides within us.

Entsagung bedeutet, die Dinge aufgeben, die ungöttliche, unwirklich, unvollkommen sind – Dinge, die uns ständig zwingen, hinter unserem Gott-zugewandten Marsch zurückzubleiben. Wir werden dem Endlichen entsagen, um das Unendliche, Ewige und Unsterbliche, das in uns verweilt, zu erringen.

An ordinary person is satisfied with the kind of peace which spiritual seekers see as mere compromise. But real peace is something infinitely more meaningful and fruitful than this.

Eine gewöhnliche Person ist mit der Art Frieden zufrieden, welche spirituelle Sucher nur als bloßen Kompromiss betrachten. Doch wirklicher Frieden ist etwas unendlich Bedeutungsvolleres und Fruchtvolleres als dies.

682

When you are sad and depressed, others are also affected.

Wenn du traurig und deprimiert bist, werden auch andere davon beeinflusst.

683

The world is fascinated by miracles, but the greatest, the most fulfilling miracle of all, is to raise the consciousness of others.

Die Welt ist fasziniert von Wundern, doch das großartigste, erfüllendste Wunder von allen ist, das Bewusstsein anderer zu heben.

684

Progress is what we want. Success we cannot depend on, because somebody will always come along and make our success pale into insignificance.

Was wir wollen ist Fortschritt. Auf Erfolg können wir uns nicht verlassen, da immer jemand auftauchen wird, durch den unser Erfolg in Nichtigkeit verblasst.

685

Every day we do not see the sun. But we cannot say that there is no sun. The sun eventually does appear.

Wir sehen die Sonne nicht jeden Tag. Doch wir können nicht sagen, dass es die Sonne nicht gibt. Die Sonne wird irgendwann erscheinen.

686

If I give up, only then do I really fail. But while walking along the road, although the destination is far, far, far away, the very fact that I am trying and struggling gives me satisfaction.

Ich versage nur dann wirklich, wenn ich aufgebe. Während ich die Straße entlang gehe, gibt mir die alleinige Tatsache, dass ich versuche und mich durch-kämpfe Zufriedenheit, obgleich der Bestimmungsort weit, weit, weit entfernt ist.

687 *If one needs strength, then uncovering one's inner strength through prayer and meditation is the fastest and most effective way to get it.*

Wenn man Stärke benötigt, ist die Enthüllung der eigenen inneren Stärke durch Gebet und Meditation der schnellste und effektivste Weg, sie zu erhalten.

688 *My only religion is to love God and to be of service to God.*

Meine einzige Religion ist, Gott zu lieben und Gott zu Diensten zu sein.

689 *An elephant is not going to approach a dog and attack it. The dog will bark and bark at the elephant, making the world feel that it is so strong, but the elephant will just ignore the dog.*

Ein Elefant wird nicht auf einen Hund zugehen und ihn angreifen. Der Hund wird den Elefanten anbellen, um der Welt zu zeigen wie stark er ist, doch der Elefant wird ihn einfach ignorieren.

690 *My new home address: God-surrender and man-service.*

Meine neue Wohn-Adresse: Hingabe zu Gott und Dienst am Menschen.

691 *I am millions of miles away from you when you are depressed. Only my compassion it there, and my compassion you are exploiting like anything.*

Ich bin Millionen von Meilen von dir entfernt wenn du depressiv bist. Nur mein Mitleid ist dort, und du nutzt mein Mitleid über alles aus.

692

Only when you are with unaspiring people do you fully appreciate aspiring people.

Du schätzt strebsame Leute nur dann in vollem Mass, wenn du mit unstrebsamen Leuten zusammen bist.

693

Desire makes unending demands: its hunger can never be appeased. No matter how much experience or possession is accumulated, still satisfaction does not dawn in the heart of a desiring individual.

Wünsche haben Forderungen ohne Ende: ihr Hunger kann niemals gestillt werden. Im Herzen einer begehrenden Person dämmert keine Zufriedenheit, ganz gleich wieviel Erfahrung oder Besitz sie angehäuft hat.

694

In the inner life, if you want purity, humility, peace of mind and other divine qualities, then you have to make an effort to get them.

Wenn du im inneren Leben Reinheit, Demut, inneren Frieden und andere göttliche Eigenschaften möchtest, dann musst du dich darum bemühen, um sie zu erhalten.

695

The road may be long but not endless. The goal is not only an endless life, but an ever-energising immortal breath.

Die Straße mag lang sein, doch nicht endlos. Das Ziel ist nicht nur ein endloses Leben, sondern ein ewigenergetisierender, unsterblicher Atem.

696

Fire is aspiration. Water is consciousness. A plant is a climbing hope. A tree is an aspiring confidence.

Feuer ist Strebsamkeit. Wasser ist Bewusstsein. Eine Pflanze ist eine emporkletternde Hoffnung. Ein Baum ist ein strebendes Vertrauen.

697

Spiritual awakening, spiritual feelings and spiritual self-giving must be natural and spontaneous and can never be forced.

Spirituelles Erwachen, spirituelle Gefühle und spirituelles Selbst-Geben müssen natürlich und spontan sein. Sie können niemals erzwungen werden.

698

The ultimate victory is bound to come.

Der endgültige Sieg wird zwangsläufig kommen.

699

First He asks me to do something, and then He does it for me.

Erst bittet Er mich, etwas zu tun und dann tut Er es für mich.

700

Pray and meditate; meditate and pray. Do not give up! If you give up, then you will be as bad as the worst. Pray and meditate; meditate and pray. Reach the goal! No matter when you reach the Goal, you will be as good as the best.

Bete und meditiere; meditiere und bete. Gib nicht auf! Wenn du aufgibst, dann bist du so schlecht wie der Schlechteste. Bete und meditiere; meditiere und bete. Erreiche das Ziel! Ganz gleich, wann du das Ziel erreichst, du wirst so gut sein wie der Beste.

700

Über den Autor

Sri Chinmoy ist ein verwirklichter spiritueller Meister, der sein Leben jenen Suchern gewidmet hat, die nach einem tieferen Sinn im Leben suchen. Durch seine Meditation, seine Musik, seine Kunst, seine Schriften und den Sport hat er Menschen in aller Welt gedient und sie inspiriert, ein Leben der Harmonie und der inneren Erfüllung zu führen.

Sri Chinmoy wurde 1931 im heutigen Bangladesh geboren und trat im Alter von zwölf Jahren in einen Ashram (eine spirituelle Gemeinschaft) in Südindien ein. Dort widmete er sich über viele Jahre hinweg intensiv der Meditation und spiritueller Disziplin und begann, seine Erfahrungen in Gedichten, Essays und spirituellen Liedern zum Aus-druck zu bringen. Auch Sport und selbstloses Dienen waren wichtiger Bestandteil seines Ashramlebens.

Bereits in seiner frühen Jugend hatte er viele tiefe innere Erfahrungen und erreichte spirituelle Verwirklichung. Während der zwanzig Jahre seiner Ashramzeit vertiefte und vervollkommnete er seine Verwirklichung, bis er, einem inneren Ruf folgend, 1964 nach New York kam, um seinen inneren Reichtum mit aufrichtigen Suchern im Westen zu teilen.

Bis zu seinem Mahasamadi am 11. Oktober 2007 im Alter von sechsundsiebzig Jahren wirkte Sri Chinmoy als spiritueller Leiter von mehr als dreihundertfünfzig Meditationszentren rund um die Welt.

Doch auch nachdem er den physischen Körper verlassen hat, ist seine innere Gegenwart und Führung weiterhin zu spüren, und seine Mission wird ganz in seinem Sinn weitergeführt.

Sri Chinmoy lehrt einen Weg des Herzens als einfachsten Weg, um schnellen spirituellen Fortschritt zu machen. Indem der Sucher auf sein Herz meditiert, kann er seinen eigenen Schatz des Friedens, der Freude, des Lichts und der Liebe entdecken. Die Rolle des spirituellen Meisters sieht Sri Chinmoy darin, dem Sucher innerlich zu helfen, die inneren Reichtümer, die sein Leben erleuchten können, zum Vorschein zu bringen. Ein Meister unterweist seine Schüler im inneren Leben und hebt ihr Bewusstsein nicht nur weit über ihre Erwartungen, sondern sogar weit über ihre Vorstellung hinaus. Im Gegenzug bittet er seine Schüler, regelmäßig zu meditieren und zu versuchen, die inneren Fähigkeiten zu vervollkommnen, die die Meditation in ihnen zum Vorschein bringt.

Sri Chinmoy lehrt, dass für einen Sucher Liebe der direkteste Weg ist, sich dem Supreme – Gott – zu nähern. Wenn ein Kind Liebe für seinen Vater spürt, ist es ihm nicht wichtig, wie großartig der Vater in den Augen der Welt ist. Das Kind spürt durch seine Liebe nur sein Einssein mit seinem Vater und seinen Besitztümern. Wenn wir uns dem Supreme so nähern, fühlen wir, dass der Supreme und Seine Ewigkeit, Unendlichkeit und Unsterblichkeit dem Sucher gehören. Die Philosophie der Liebe drückt nach Meinung Sri Chinmoys die tiefste Verbindung zwischen dem Menschen und Gott aus, die beide Aspekte des gleichen vereinten Bewusstseins sind. Im Spiel des Lebens erfüllt sich der Mensch im Supreme, indem er Gott in seinem eigenen höchsten Selbst verwirklicht.

Der Supreme offenbart Sich durch den Menschen, der Ihm als Instrument für die Transformation und Vervollkommnung der Welt dient. Nach alter indischer Tradition verlangte Sri Chinmoy für seine spirituelle Unterweisung nie Geld. Seine Konzerte und öffentlichen Meditationen waren stets kostenlos, und auch die Kurse und Konzerte seiner Schüler und der Sri Chinmoy Centers sind weiterhin frei. Seine einzige Gebühr, so sagte er, sei der aufrichtige „innere Ruf", das heißt die innere Sehnsucht des Suchers. Auch heute noch fühlen seine Schüler, dass er sich innerlich um jeden Einzelnen kümmert und die Verantwortung für den inneren Fortschritt des Schülers übernimmt. Während seine Schüler zu seinen Lebzeiten oft Gelegenheit zum persönlichen Kontakt hatten, zum Beispiel bei den internationalen Treffen, die zwei bis dreimal im Jahr in New York stattfinden oder wenn Sri Chinmoy ihre jeweiligen Städte und Länder besuchte, erfahren sie jetzt noch stärker, dass die innere Verbindung zwischen Meister und Schüler unabhängig von geographischen Entfernungen und körperlicher Präsenz ist.

Durch sein aktives, dynamisches Leben hat Sri Chinmoy gezeigt, dass Spiritualität keine Flucht vor der Welt bedeutet, sondern die Welt annimmt, um sie zu transformieren. So hat er an die 1600 Bücher veröffentlicht, darunter Theaterstücke, Gedichte, Geschich-ten, Essays und Kommentare, sowie Fragen und Antworten zu den verschiedensten Aspekten der Spiritualität. Er hat mehrere Tausend Zeichnungen gemalt, die in zahlreichen Ausstellungen weltweit zu sehen waren und über 21.000 Lieder komponiert. Sri Chinmoy hat über 800 Meditationskonzerte in aller Welt gegeben, bei denen er in einem tiefen meditativem Bewusstsein eigene Kompositionen auf einer Vielzahl östlicher und westlicher Instrumente spielte.

Als begeisterter Sportler, der von der Bedeutung körperlicher Fitness im spirituellen Leben überzeugt ist, hat Sri Chinmoy seine Schüler ermutigt, regelmäßig Sport zu treiben. Dank seiner Inspiration organisiert das internationale Sri Chinmoy Marathon Team jährlich mehrere hundert Sportveranstaltungen bis hin zu Ultramarathons, einschließlich dem längsten zertifizierten Straßenlauf der Welt (3100 Meilen).1987 rief Sri Chinmoy einen internationalen Fackellauf für Freundschaft und Harmonie unter den Menschen ins Leben, seit 2003 „World Harmony Run" genannt, an dem sich bis heute Millionen von Menschen in 140 Ländern beteiligt haben.

Eine Auswahl von Schriften Sri Chinmoys und seiner Musik:
(Stand Bestellschein Mai 2008)

B-Nr.	Meditation und Spiritualität	Euro	/ SFr
005-7	Meditation, menschliche Vervollkommnung....	15,95	29,80
020-0	Meditationstechniken	11,95	21,80
032-3	Schwingen der Freude	11,95	21,80
073-6	Astrologie, das Übernatürliche u. das Jenseits	11,95	21,80
113-9	Colour Kingdom (spirituelle Farbenlehre)	24,95	45,00
111-5	Das innere Versprechen	14,95	28,00
193-1	Die Weisheit Sri Chinmoys, Teil 1	14,95	28,00
194-8	Die Weisheit Sri Chinmoys, Teil 2	14,95	8,00
200-6	700 Weisheits-Blumen	13,95	25,80
070-5	Die Kraft der Mantren	11,95	21,80
033-0	Die Quelle der Musik	11,95	21,80
093-4	Gebetswelt, Mantrawelt und Japawelt	9,95	18,00
012-5	Glücklichsein	14,95	28,00
196-2	Gott ist ...	14,95	28,00
019-4	Kinderherz und Kindertraum	11,95	21,80
013-2	Kundalini, die Kraft der göttlichen Mutter	11,95	21,80
010-1	Samadhi & Siddhi, die höchst. Höhen des Bew.	11,95	21,90
008-8	Tod und Wiedergeburt	11,95	21,80
015-6	Träume und ihre spirituelle Bedeutung	11,95	21,80
006-4	Yoga und das spirituelle Leben	12,95	23,80
031-6	Garten der Seele - spirituelle Geschichten	12,95	23,80

	Inspirationen für jeden Tag		
021-7	Herzblüten - Inspirationen für jeden Tag	17,95	32,80
049-1	Seelenreise meines Lebens	17,95	32,80
191-7	Herzenslieder - tägliche Inspirationen	11,95	21,80
081-1	Heute (365 tägliche Meditationen)	5,00	9,00

	Musik-CDs von Sri Chinmoy		
	Flute Music for Meditation, (Echoquerflöte) Vol. 1	14,99	27,00
	Flute Music for Meditaion, (versch. Flöten) Vol. 2	14,99	27,00
	Sri Chinmoy Symphony for Meditation	14,99	27,00
	Sri Chinmoy Live Concert Royal Albert Hall	14,99	27,00

Wenn Sie mehr über Sri Chinmoy, seine Bücher und seine Musik erfahren möchten oder an kostenlosen Konzerten und Meditationskursen in Ihrer Nähe interessiert sind, wenden Sie sich bitte an den Verlag The Golden Shore oder unsere Auslieferungsstätten in Österreich und in der Schweiz. Wir senden Ihnen gerne weitere Informationen zu.

The Golden Shore Verlagsges.mbH
Austraße 74
D-90429 Nürnberg
Tel. (0911) 28 88 65 / Fax (0911) 28 84 12
www.goldenshore.de

The Golden Shore
Langächerstr. 3
CH-5454 Bellikon
Tel. (056) 496 2840 / Fax (056) 496 0154

Gandharva Loka
Westbahnstraße 4
A-1070 Wien
Tel./Fax (01) 522 97 23

Deutschl. · Schweiz · Österreich

Unsere Bücher können Sie natürlich auch über Ihre Buchhandlung beziehen oder über www.Amazon.de

Vertrieb